Pischel
Vertragsenglisch für Management und Berater

Vertragsenglisch für Management und Berater

von

Dr. Gerhard Pischel, LL.M. (Univ. Lond.)
Rechtsanwalt
München

2013

Verlag
Dr. Otto Schmidt
Köln

Bibliografische Information
der Deutschen Nationalbibliothek

Die Deutsche Nationalbibliothek verzeichnet diese
Publikation in der Deutschen Nationalbibliografie;
detaillierte bibliografische Daten sind im Internet
über http://dnb.d-nb.de abrufbar.

Verlag Dr. Otto Schmidt KG
Gustav-Heinemann-Ufer 58, 50968 Köln
Tel. 02 21/9 37 38-01, Fax 02 21/9 37 38-943
info@otto-schmidt.de
www.otto-schmidt.de

ISBN 978-3-504-06305-4

©2013 by Verlag Dr. Otto Schmidt KG, Köln

Das Werk einschließlich aller seiner Teile ist
urheberrechtlich geschützt. Jede Verwertung, die nicht
ausdrücklich vom Urheberrechtsgesetz zugelassen ist,
bedarf der vorherigen Zustimmung des Verlages. Das
gilt insbesondere für Vervielfältigungen, Bearbeitungen,
Übersetzungen, Mikroverfilmungen und die Einspeiche-
rung und Verarbeitung in elektronischen Systemen.

Das verwendete Papier ist aus chlorfrei gebleichten
Rohstoffen hergestellt, holz- und säurefrei, alterungs-
beständig und umweltfreundlich.

Einbandgestaltung: Jan P. Lichtenford, Mettmann
Satz: WMTP, Birkenau
Druck und Verarbeitung: Betz, Darmstadt
Printed in Germany

Ekkehart Stein
(1932 – 2008)

Vorwort

Im Rahmen der Vorbereitung diverser Schulungsveranstaltungen habe ich begonnen, Fragen zu englischsprachigen Verträgen und denkbare Lösungen zu sammeln und zu systematisieren – ein Prozess, der dank Prof. Dr. Benno Heussen und seinen theoretischen Arbeiten wie seiner praktischen Herangehensweise zur Vertragsgestaltung in unserem Büro bei Abfassung von Vereinbarungen auf Deutsch bereits seit langem etabliert ist. So wuchs die Sammlung zum Thema Vertragsenglisch langsam an und mündet nun in dem vorliegenden Bändchen.

Kein Buch ohne Unterstützung und damit Grund zum Dank: an meinen Kollegen Dr. Georg Schröder für die Vermittlung der Schulungsaufgabe, an die Kollegen Dr. Markus Junker, Clemens Kochinke, Florian Kömpel, Anette Maier, Dr. Horst Teller und Dr. Hermann Waldhauser für Anregungen und Diskussionen sowie last but not least an Prof. Dr. Benno Heussen für das undogmatische Fundament, die Freigiebigkeit in Bezug auf sein Wissen und die Ermunterung, die Ergebnisse in Buchform zu veröffentlichen.

Gewidmet ist das Nachfolgende Prof. Dr. Ekkehart Stein, dem Lehrer, Gelehrten und Suchenden.

München, im April 2013   Gerhard Pischel

Inhaltsverzeichnis

Kapitel 1
Rechtliche und gesellschaftliche Normen

Kapitel 2
Grundsätze der Vertragsgestaltung

Kapitel 3
Gliederung von Verträgen

Kapitel 4
Allgemeine Formulierungen in der
Vertragsgestaltung

Kapitel 5
Einzelne Formulierungen in der
Vertragsgestaltung

Kapitel 6
Übungen und Lösungen

Literaturverzeichnis

Aden	Law Made in Germany, ZRP 2012, 50
Armbrüster	Fremdsprachen in Gerichtsverfahren, NJW 2011, 812
Barnard	The ECJ as a common law court, NZA-Beilage 2011, 122
Brödermann	Risikomanagement in der internationalen Vertragsgestaltung, NJW 2012, 971
Daigneault	Drafting International Agreements in English, 2. Aufl., 2009
Döser	Einführung in die Gestaltung internationaler Wirtschaftsverträge, JuS 2000, 246; 456; 663; 773; 1076; 1178; JuS 2001, 40
Elfring	Legal Due Dilegence Reports, JuS-Beilage 2007, 3
Glass	Englische Rechtssprache, 1982
Grabitz/Hilf (Hrsg.)	Das Recht der Europäischen Union, 40. Aufl., 2009
Ferrari/Kieninger/ Mankowski et al.	Internationales Vertragsrecht, 2. Aufl., 2011
Frischen	Die 44. Novelle – Kaiser Justinians Ordnung des Notariats, DNotZ 1992, 403
Henry/Pike	English law and legal language: Introduction, 2006
Heussen	Der Letter of Intent, 2002
Heussen (Hrsg.)	Handbuch Vertragsverhandlung und Vertragsmanagement, 3. Aufl., 2007
Hök	Zur Sprachregelung in FIDIC Vertägen, ZfBR 2005, 332
Jauernig	BGB, 14. Aufl., 2011
Kösters	Letter of Intent – Erscheinungsformen und Gestaltungshinweise, NZG 1999, 623
Kötz	Deutsches Recht und Common Law im Wettbewerb, AnwBl 2010, 1
Lichtenberg	Aphorismen, (Hrsg. Batt), 1976
Linhart	Englische Rechtssprache, 2. Aufl., 2012
Maier-Reimer	Vertragssprache und anwendbares Recht, NJW 2010, 2545
Manor (Hrsg.)	Law and Interpretation, 1997

Miethaner	AGB oder Individualvereinbarung – die gesetzliche Schlüsselstelle „im Einzelnen ausgehandelt", NJW 2010, 3121
Morawietz	Nachvertragliche Wettbewerbsverbote beim Ausscheiden aus einer ärztlichen Gemeinschaftspraxis, NJOZ 2008, 3813
Hoffmann-Becking (Hrsg.)	Beck'sches Formularbuch Bürgerliches, Handels- und Wirtschaftsrecht, 10. Aufl., 2010
Nordmeier	Zur Auslegung von Versicherungsverträgen nach englischem Recht, VersR 2012, 143
Radbruch	Der Geist des englischen Rechts, 3. Aufl., 1956
Schrey/Kugler	IT-Agreements, 2011
Schumann	Das deutsche Wirtschaftsrecht im Wettbewerb der Sprachen, ZRP 2007, 160
Spehl/Schilling	Der Nomination Letter, BB 2013, 202
Stein	Die rechtswissenschaftliche Arbeit, 2000
Säcker/Rixecker (Hrsg.)	Münchener Kommentar zum BGB, Bd. 1, 6. Aufl., 2012
Triebel/Balthasar	Auslegung englischer Vertragstexte unter deutschem Vertragsstatut, NJW 2004, 2189
Uffmann	Vertragsgerechtigkeit als Leitbild der Inhaltskontrolle, NJW 2012, 2225
Vranes	Lex Superior, Lex Specialis, Lex Posterior – Zur Rechtsnatur der „Konfliktlösungsregeln", ZaöRV 2005, 391
Walz (Hrsg.)	Beck'sches Formularbuch Zivil- und Unternehmensrecht, Deutsch-Englisch, 2. Aufl., 2010
v. Westphalen	Der angebliche „Standortnachteil" des deutschen Rechts aufgrund des AGB-Rechts, BB 2013, 67
Wurmnest	Internationale Zuständigkeit und anwendbares Recht bei grenzüberschreitenden Kartelldelikten, EuZW 2012, 933

Einleitung

Ich bin eigentlich nach England gegangen, um Deutsch zu lernen[1].

Parteien schließen einen Vertrag, um sich zu vertragen. Dazu müssen 1
sie ihre jeweiligen Rechte und Pflichte kennen, was neben einem Wissen um einschlägige Wortbedeutungen auch voraussetzt, dass diese Begriffe klar und eindeutig formuliert sind und im Kontext des Gesamtvertrags und der anwendbaren Rechtsordnung bestehen. Dies erfordert die Kenntnis einschlägiger Grundregeln, die Verträge mit ausländischen Vertragspartnern beeinflussen können. Gerade bei nicht-punktuellen Austauschverträgen – insbesondere Rahmen- oder Kooperationsverträgen – ist sicherzustellen, dass alle verstehen, wozu sie sich verpflichtet haben. Denn hier erbringen die Parteien regelmäßig erhebliche Leistungen im Vertrauen auf einen Bestand der Vereinbarung in ihrem Sinne[2]. Für verständliche Verträge sind einfache Sätze, eine klare Sprache und eindeutige Begrifflichkeiten erforderlich. Dieser kleine Band soll hierzu für den Kontext von englischsprachigen Verträgen einen ersten Überblick liefern.

Vertragsgestaltung als kreativer, in der Bundesrepublik grundgesetzlich 2
über Art. 12 Abs. 1 GG und subsidiär Art. 2 Abs. 1 GG geschützter Akt begrenzt die Parteien durch Verhandeln in ihrer Handlungsfreiheit, normiert hierfür *inter partes* Grenzen durch das Vereinbarte und wird ihrerseits von dem – oder im internationalen Kontext: den – jeweils gültigen Rechtsrahmen beeinflusst. Hierzu zählen im deutschen Rechtskreis insbesondere das Recht allgemeiner Geschäftsbedingungen und andere Schutzgesetze[3], unter denen die Vertragspartner ihre Interessen kodifizieren. Auch unabhängig von der Rechtswahl in einem Staatsgebiet zu beachtende Normen, die entweder zwingenden Grundlagen des Gemeinwohls entsprechen oder für ihre Anwendbarkeit auf die Auswirkungen einer Vereinbarung abstellen[4], setzen der Vertragsfreiheit Grenzen, die es für den jeweiligen Einzelfall zu beachten und mitunter aufgrund der Weite der gesetzlichen Normen auszuloten gilt. Während

---

1 *Lichtenberg*, S. 92.
2 *Heussen*, Handbuch, Teil 1 Rz. 30a; Ausfluss hiervon ist nach deutschem Recht § 157 BGB; vgl. MüKo-BGB/*Busche*, § 157 Rz. 5.
3 Etwa zum Schutz schwächerer Vertragspartner – so beispielsweise im Arbeitsrecht und in verwandten Gebieten wie dem Handelsvertreterrecht oder zum Schutz lauteren und wirksamen Wettbewerbs; vgl. allg. *Heussen*, Handbuch, Teil 1 Rz. 12.
4 Z.B. das Wettbewerbs- und Kartellrecht, das für seine Anwendbarkeit auf die Wirkung einer Vereinbarung, nicht ihre Rechtswahl abstellt; zum hierdurch begründeten Gerichtsstand bei Schadenersatzklagen siehe *Wurmnest*, EuZW 2012, 933.

etwa für Formularverträge der deutsche Gesetzgeber zahlreiche Bindungen vorgegeben hat, die der Disposition des Verwenders selbst im unternehmerischen Verkehr entzogen sind[1], stehen Jurisdiktionen außerhalb der EU entsprechenden Standardklauseln deutlich liberaler gegenüber[2].

3 Ziel dieses Bandes ist auch deshalb nicht eine Einführung in fremde Rechtsordnungen – etwa in England[3] oder Staaten der USA[4] – und den von dortigen Gerichten oder Gesetzgebern aufgestellten Bedingungen wirksamer Vertragsgestaltung. Was heute gilt, kann – wie auch im deutschen Recht – morgen schon kraft Rechtsprechung oder Rechtsetzung überholt sein. Die in den einzelnen Kapiteln verwendeten Formulierungen aus der Praxis dienen als Beispiele, nicht als Muster[5]. Sie sollten nicht blind für die eigene Vertragsgestaltung übernommen werden, da zum einen die konkret in einer Vereinbarung abzubildende Situation eine andere als die den Formulierungen Zugrundeliegende sein und damit ihr Rechtsverständnis als Grundlage variieren kann[6]; zum zweiten, weil die Frage der Rechtswirksamkeit entsprechender Klauseln stets für den Einzelfall und die jeweils anwendbare Rechtsordnung durch dort zugelassene Juristen zu prüfen ist; zum dritten schließlich, weil im Ergebnis damit für den unbekannten Einzelfall offen ist, welche Grenzen und Bindungen die Formulierungen konkret einhalten, in anderen Rechtsordnungen aber möglicherweise verletzen. Aufgrund der hohen Regelungsdichte der deutschen Rechtsordnung und der Vielzahl nicht-dispositiver Gewährleistungen ist dies insbesondere für deutschem Recht unterstellte Vereinbarungen relevant.

4 Dieser Überblick soll vielmehr dazu dienen, allgemeine Grundsätze der Vertragsgestaltung im Englischen darzustellen, um die Interessen der eigenen Seite effektiv zu kodifizieren, Risiken zu erkennen und sich des Umfangs eingegangener Verpflichtungen bewusst zu werden. Denn Englisch als Wirtschaftssprache hat nicht nur für Geschäfts- und Vertragsbeziehungen zu Unternehmen in englischsprachigen Ländern Relevanz; sie findet regelmäßig auch zwischen Unternehmen Anwendung,

---

1 Vgl. ausf. *Miethaner*, NJW 2010, 3121.
2 *Kötz*, AnwBl. 2010, 1 (5).
3 Vgl. hierzu *Henry/Pike*.
4 Sowohl Großbritannien wie die USA verfügen jeweils über interlokales Recht, so dass sich die Wirksamkeit vertraglicher Klauseln maßgeblich nach der Rechtsordnung einzelner Gebiete des Gesamtstaates bestimmen. So besitzen z.B. Schottland und der US-Staat Lousiana – anders als andere Bundesstaaten der USA oder Gebiete des Vereinigten Königreichs – ein dem Civil Law entsprechendes resp. angenähertes Rechtssystem.
5 Siehe hierzu in der deutschsprachigen Literatur z.B.: *Döser*, JuS 2000, 773; 869; 1076; 1178; 2001, 40; *Pagenberg/Beier*, Lizenzverträge/Licensing Agreements, 6. A., 2008; *Schrey/Kugler; Walz.*
6 *Heussen*, Handbuch, Teil 1 Rz. 60c; *Triebel/Balthasar*, NJW 2004, 2189 (2191).

die keine gemeinsame muttersprachliche Basis besitzen[1]. Neben in Deutschland ansässigen Töchtern internationaler Konzerne schließen darüber hinaus auch Unternehmen mit Hauptsitz in der Bundesrepublik unter einander häufig in Englisch abgefasste Verträge ab, wenn Englisch auch hier die interne Arbeitssprache ist oder Dritte, die nicht deutsch sprechen, Teil des Vertragsgeflechts werden sollen. Letzteres ist etwa der Fall, wenn ausländische Investoren oder Vertriebspartner in ein Netz von Verträgen eingebunden sind, deren Grundlage oder Ausfluss die zwischen den deutschen Parteien ausgehandelte Vereinbarung darstellt. Aufgrund dieser überragenden Bedeutung des Englischen ist es erforderlich, grundlegende Regeln der Vertragsgestaltung und Vertragsformulierung dieses Sprach- und Rechtskreises zu verstehen, um einerseits vor möglichen Gefahren für das eigene Unternehmen oder den Mandanten geschützt zu sein, andererseits deren Interessen möglichst umfassend durchzusetzen.

Verträge dienen der Risikoverteilung zwischen den Parteien. Diese Risiken sind umso größer, je stärker zeitliche und räumliche Distanz die Vereinbarung beeinflussen, je unterschiedlicher das Verständnis der Beteiligten von der Natur eines Vertrags und je komplexer sein Leistungsinhalt ist[2]. Während bei Vertragsparteien mit derselben Muttersprache die Trennung von Positionen und Interessen bereits ausreichend Klärungsbedarf entstehen lässt und eine Berücksichtigung widerstreitender Interessen hinreichend Verhandlungsbedarf erzeugt, kommt bei Vertragsverhandlungen und deren -gestaltung auf Englisch für Deutsche die Sprachbarriere hinzu. Dies ist umso prekärer, wenn keine der Parteien Englisch als Muttersprache beherrscht, da Missverständnisse hier leicht möglich sind[3]. Entsprechende Undeutlichkeiten können die Vertragsgestaltung erschweren und der reibungslosen Durchführung einer Vereinbarung erhebliche Hürden setzen. Dies gilt insbesondere, wenn der Wortlaut undeutlich, der Partner weit entfernt und die Rechtsordnung unbekannt ist, weil alle diese Faktoren insgesamt die Verhandlung, Einigung, Durchführung, gerichtliche Durchsetzung und Vollstreckung eines Vertrags erschweren. 5

Ein Blick von außen schärft das Bewusstsein für das eigene Verhalten: So hilft eine Beschäftigung mit englischer Terminologie auch bei rein deutscher Vertragsgestaltung[4]. Denn englischsprachige Vereinbarungen sind deutlich ausgefeilter und genauer als vergleichbare Verträge auf Deutsch[5]. Geringere Vorgaben durch Gesetz und Rechtsprechung eröff- 6

---

1 Vgl. die hier denkbaren Konstellationen bei *Triebel/Balthasar*, NJW 2004, 2189.
2 Allg. dazu *Heussen*, Handbuch, Teil 1 Rz. 13a, 14 ff., 22.
3 *Döser*, JuS 2000, 246 (247); *Heussen*, Handbuch, Teil 1 Rz. 5; Teil 2 Rz. 211 ff.
4 So auch *Schrey/Kugler*, S. 7.
5 *Kötz*, AnwBl. 2010, 1 (2).

nen in Englisch geprägten Rechtsordnungen häufig größerer Spielräume bei der Vertragsgestaltung und machen detaillierte Regelungen möglich, aber auch erforderlich. So sind viele im angelsächsischen Rechtskreis genutzte Mittel der Vertragsgestaltung im Deutschen ebenfalls sinnvoll, vermeiden Missverständnisse und damit potentielle Konflikte zwischen den Parteien. Dies gilt für statische Teile einer Vereinbarung, wie etwa genaue Begrifflichkeiten durch Definitionen, die der Stabilität eingegangener Bindungen dienen. Es betrifft aber auch dynamische Elemente eines Vertrages, mit denen die Parteien innerhalb eines kodifizierten Systems Entwicklungen abfedern, die auf ihre Beziehung Auswirkungen haben können: so etwa ein differenziertes System von Mitwirkungs- und Zustimmungspflichten oder abgestufte Voraussetzungen für den Eintritt von Bedingungen. All dies schafft Klarheit und Verständlichkeit und ist auch bei Anwendung deutschen Rechts nicht nur im Hinblick auf die Transparenzregeln des § 307 Abs. 1 S. 2 BGB für Formularverträge gerade vor dem Hintergrund der Sprachbarriere für die Rechtsbeständigkeit wesentlich, damit die Parteien nicht nur wissen, sondern auch durchsetzen können, was sie vereinbart haben.

7 Kommt es zu einer Auseinandersetzung – insbesondere vor Gericht – so haben die Kontrahenten trotz der im deutschen Recht existierenden prozessualen Dispositionsmaxime jeweils individuell zu diesem Zeitpunkt nur noch eingeschränkte Möglichkeiten, die Ergebnisse dieses „Schiedsrichters" zu beeinflussen. Dies wird in noch stärkerem Maß gelten, wenn der deutsche Partner seinen heimischen Gerichtsstand nicht durchsetzen konnte. Aufgrund der Einschaltung eines Dritten geht die mit einer Vereinbarung angestrebte Wirkung, autonom Regelungen unter einander zu schaffen, verloren. Schließlich wollen die Parteien vermeiden, dass ihnen ein Dritter bestenfalls erklärt[1], schlimmstenfalls oktroyiert, was sie bei Abfassung des Vertrags tatsächlich gemeint haben. Es ist den Parteien mehr damit gedient, die in einer Vereinbarung niedergelegten Rechte und Pflichten im Vorfeld so klar zu umreißen, dass sich der Entscheidungsspielraum dieses Dritten im Optimalfall auf ein Ergebnis verengt und der Gegenseite wenig Raum für Argumentation oder Ausflüchte lässt, wenn die Einbindung eines Dritten schon unvermeidlich ist. Dies gilt insbesondere auch für Fragen der Beweislastverteilung, die in vom Case Law beeinflussten Verträgen häufig sehr viel geschickter als in deutschen Vereinbarungen gelöst sind, denn – wie jeder Jurist weiß: Recht haben alleine reicht nicht, wenn sich die Parteien nicht mehr vertragen und auf den Vertrag zurückgreifen.

---

1 *Maier-Reimer*, NJW 2010, 2545.

Kapitel 1
Rechtliche und gesellschaftliche Normen

*Man muss sich die Menschen nach ihrer Art verbindlich machen,
nicht nach der unsrigen[1].*

1. Einleitung

Der soziale Kontext beeinflusst die Verhandlungen wie der rechtliche
Rahmen den Vertrag. Für eine Vereinbarung gilt dies vom Anfang ihrer
Verhandlung als soziales Ritual[2] über die Abfassung nach den gültigen
Rechtsnormen bis zu der von den Parteien empfundenen Bindung an einen Vertrag in seiner Durchführung. Darüber hinaus bedingen sozialer
Kontext und rechtliche Bindung einander, denn es wird ohne gesellschaftlichen Konsens keine wirksame und allgemein gültige Normierung geben, haben Gesetze doch etwas Metaphysisches: Nur, wenn die
Mehrheit an sie glaubt, werden sie auch beachtet. Ein Glaube an die
grundsätzliche Richtigkeit von Normen durch die von ihnen Gebundenen wiederum ist nur möglich, wenn die Regeln den allgemeinen Konsens des jeweiligen Gemeinwesens widerspiegeln[3]. Dies gilt für Demokratien und Diktaturen gleichermaßen, wie die Implosion der DDR
zeigt. Wenn das Spannungsverhältnis zwischen rechtlicher Wirkung
und tatsächlicher Wirklichkeit auch mit staatlicher Macht nicht mehr
aufzulösen ist, bricht sich der gesellschaftliche Konsens Bahn, mag
dies bei Diktaturen nicht zuletzt mangels institutioneller Verankerung
und demokratischer Sicherungsinstrumente zunächst langsamer und
beschwerlicher, dann aber umso eruptiver geschehen als in demokratischen Gesellschaften: In einer Demokratie bestimmen die Bürger
in einem kontinuierlichen, verfassungsrechtlich verankerten Prozess
mehrheitlich die rechtlichen Rahmenbedingungen, denen sie sich unterwerfen wollen.

Kraft dieser Interdependenz von Recht und Gesellschaft hilft es für die
grenzüberschreitende Vertragsgestaltung, die gesellschaftlichen Vorstellungen und gesetzlichen Vorschriften innerhalb eines Landes zu verstehen, um eine Vereinbarung ungeachtet aller Widrigkeiten in Bezug auf
Sprache, Sozialisierung, Rahmenbedingungen und damit potentiellen
Feldern für Missverständnisse sozial adäquat und rechtlich bindend zu
verhandeln, abzufassen, zu leben und durchzusetzen.

8

---

1 *Lichtenberg*, S. 49.
2 *Heussen*, Handbuch, Teil 1 Rz. 18 ff.; Teil 2 Rz. 369, 381a.
3 Andernfalls droht Ablehnung, wie *Judith Holofernes* (*Wir sind Helden*) pointiert
   festgestellt hat: *Ihr könnt so lange wie ihr wollt mit euren Regeln wedeln/So lange
   Regeln in der Regel nur den Redner edeln;* Ist das so, Die Reklamation, 2003.

2. Case Law und Codified Law

9 Auch wenn Ziel dieses Buches keine Einführung in das angelsächsische Recht ist, kommt dieser Überblick deshalb ohne eine kurze Darstellung der allgemeinen Unterschiede zwischen dem kontinentaleuropäischen Rechtskreis und den von angelsächsischen Traditionen beeinflussten Rechtsordnungen nicht aus. Er beschränkt sich jedoch auf die für die Vertragsgestaltung wesentlichen Divergenzen, um im Anschluss hieran einzelne Aspekte in Verhandlungen mit Briten und US-Amerikanern kurz zu beleuchten.

a) Rechtsprechung und Gesetz

10 Das von der angelsächsischen Rechtstradition geprägte Common Law[1] wird gemeinhin dem Civil Law, das insbesondere in Kontinentaleuropa vorherrscht, gegenüber gestellt. Während das Civil Law durch den römischen Kaiser Justinian[2], die von Oberitalien ausgehende Renaissance sowie vom napoleonischen Code Civile geprägt ist und erheblich auf kodifiziertem Recht fußt, betont das Common Law die Bedeutung von Gerichtsentscheidungen, Präzedenzfällen und daraus abgeleiteter Tradition von Rechtsprechung (*stare decisis*)[3].

Dieser Gegensatz zwischen beiden Rechtssystemen besteht allerdings nicht durchgängig: So kennt auch das Common Law geschriebene Gesetze, wahre *Wasserfälle des Gesetzesrechts*[4], je nach Form, Verfahren, Verfasser und Rechtsordnung als *statutes, acts, encactments, laws* oder *bills* bezeichnet[5]. Auch das Civil Law kommt ohne wesentliche Entscheidungen einzelner Gerichte, insbesondere der obersten nationalen

---

1 Vgl. hierzu die Literaturhinweise bei *Linhart*, S. 208.
2 Allg. *Radbruch*, S. 6 ff.; für die notarielle Vertragsgestaltung vgl. dazu *Frischen*, DNotZ 1992, 403.
3 Vgl. zum Einfluss der Rechtstradition Kontinentaleuropas auf Verträge *Döser*, JuS 2000, 246 (247 f.); zum Umfang *Radbruch* S. 33 ff.; s.a. *Linhart*, S. 1 ff., 13 ff., die jedoch den Gegensatz nach hier vertretener Auffassung überbetont; denn wie die Kodifikation sich aus typischen Rechtsfällen speist (*Radbruch*, S. 10), so können auch Rechtsfälle zur Kodifikation werden. Zur Unterscheidung von (nicht-bindenden) *persuasive judgments* und (bindenden) *binding precedents* (*stare decisis*) siehe *Henry/Pike*, S. 72, 89 sowie dem Umgang hiermit, welcher Gruppe ein Urteil zuzurechnen ist *Radbruch*, S. 35.
4 *Radbruch*, S. 30; so viele sogar, dass die Britische Regierung eine Website eingerichtet hat, die Vorschläge zur Abschaffung von Gesetzen und Vermeidung von Überregulierung entgegen nimmt; vgl. http://www.redtapechallenge.ca binetoffice.gov.uk/home/index/.
5 Siehe die Unterscheidung zwischen *law* als das (objektive Recht) und *right* als subjektiver Anspruch bei *Radbruch*, S. 22 und *Law* (Rechtswissenschaft), *the law* als das Recht und *a law* als ein Gesetz bei *Henry/Pike*, S. 20. *The rule of law* ist das Rechtsstaatsprinzip, *a rule of law* eine Rechtsregel (*Henry/Pike*, S. 13).

Gerichte und für die Mitgliedsstaaten der Europäischen Union der Gemeinschaftsgerichte[1], nicht aus.

b) Spielraum der Interpretation

Ein für die Vertragsgestaltung wesentlicher Unterschied beider Rechtsordnungen liegt jedoch in der Auslegungtradition von Gesetzen[2] und damit auch von Verträgen. Die Idee der Auslegung offener Rechtsbegriffe ist in Kontinentaleuropa stark verankert. Anders als die Vorstellung eines Gerichts als „Subsumtionsmaschine", das lediglich Tatbestand und Normen so kombiniert, dass automatisch nur ein einziges, zutreffendes Ergebnis ausgeworfen werden kann[3], geht das Civil Law davon aus, dass der Sinn ausfüllungsbedürftiger Klauseln (in Gesetz und Vertrag) durch Auslegung zu ermitteln ist. Aus einer Bandbreite möglicher Entscheidungen, die alle gleichermaßen „richtig" oder „falsch" sein können, trifft das Gericht auf Basis der vorgetragenen und bewiesenen Tatsachen nach Auslegung von Gesetz und Vertrag im Lichte mittelbarer Drittwirkung der Grundrechte[4] eine dem Gericht als angemessen erscheinende Entscheidung[5]. Der Richter wird so zu einem eigenständigen Interpreten des Gesetzes und besitzt die Aufgabe und Befugnis zur *schöpferischen Rechtsfindung und Rechtsfortbildung*[6], wie das Bundesverfassungsgericht wiederholt festgestellt hat:

Anlass zu richterlicher Rechtsfortbildung besteht insbesondere dort, wo Programme ausgefüllt, Lücken geschlossen, Wertungswidersprüche aufgelöst werden oder besonderen Umständen des Einzelfalls Rechnung getragen wird[7].

11

---

1 Eine hier nicht vertiefte Frage ist, in wieweit es sich bei den Gemeinschaftsgerichten jeweils um ein Gericht handelt, das nach Grundsätzen des Civil oder des Common Law agiert; für letzteres *Barnard*, NZA-Beilage 2011, 122 (125).

2 Vgl. *Manor*; *Radbruch*, S. 22 ff., 33 ff.

3 Zum Verständnis des Englischen Rechts und der danach bestehenden Aufgaben des Richters *Radbruch*, S. 33 ff., insbes. S. 35 ff.: Ein Urteil wird dabei als *judgment* oder *judgement* bezeichnet, eine gerichtliche Entscheidung als *decision*. Der Begriff der *decision* ist damit weiter als der von *judg(e)ment*. Die Entscheidung(sbefugnis) des Einzelnen als Individuum im Rahmen einer Bewertung wird immer als *judgement* bezeichnet, nie als *judgment*, das nur die gerichtliche Feststellung betrifft.

4 Vgl. etwa BVerfG, NJW 1958, 257; NJW 1987, 827.

5 Zu §§ 133, 157 BGB als Einfallstor *Döser*, JuS 2000, 246 (248); grdl. zu Umfang und Grenzen *Uffmann*, NJW 2012, 2225 (insbes. 2228 ff.); zum Begriff der auch dem Englischen Recht vertrauten *equitable solution*, die dem Common Law durchaus entgegen stehen kann vgl. *Radbruch*, S. 23, 31 ff.; zu den Ursprüngen der Billigkeit siehe Aristoteles, Nikomachische Ethik in der Übersetzung von Eugen Rolfes, 1921, Band 5; 14. Kapitel (www.textlog.de/33484.html).

6 BVerfG, NJW 2012, 669 Rz. 44; siehe im Gegensatz dazu das Englische Recht, wonach das Case Law davon ausgeht, die richterliche Tätigkeit bestehe gerade nicht in der schöpferischen Rechtserzeugung, *Radbruch*, S. 35, 39 und den rechtsphilosophischen Ansätzen hierzu ibid, S. 8 ff., 40 ff., 50 ff.

7 BVerfG, NJW 2012, 669 Rz. 44.

12 Das Rechtsstaatsprinzip steht danach einer Auslegung von gesetzlichen Regelungen nicht entgegen, sondern setzt ihr lediglich Grenzen, oder – in den Worten des Bundesverfassungsgerichts:

Richterliche Rechtsfortbildung darf nicht dazu führen, dass der Richter seine eigene materielle Gerechtigkeitsvorstellung an die Stelle derjenigen des Gesetzgebers setzt. Ein Richterspruch setzt sich über die [...] Gesetzesbindung hinweg, wenn die vom Gericht zur Begründung seiner Entscheidung angestellten Erwägungen eindeutig erkennen lassen, dass es sich aus der Rolle des Normanwenders in die einer normsetzenden Instanz begeben hat, also objektiv nicht bereit war, sich Recht und Gesetz zu unterwerfen[1].

13 Gleiches gilt prinzipiell auch für die Auslegung von Verträgen, die ebenfalls häufig doppeldeutig oder offen formuliert und deshalb im Streitfall von Richtern – sei es vor nationalen Gerichten oder im internationalen Schiedsverfahren – auszulegen sind. Gerichte besitzen hier einen weiteren Interpretationsspielraum als bei der Auslegung von Gesetzen, da das Gebot der Trennung von Legislative und Judikative in diesem Fall nicht in gleichem Umfang wie bei einer unmittelbaren Auslegung von Gesetzen zum Tragen kommt: Denn die Parteien – und nicht der Gesetzgeber – haben vertragliche Regelungen geschaffen, denen sie sich im Rahmen der Gesetze unterwerfen wollen. Folglich muss die Rechtsprechung bei ihrer Interpretation von Klauseln einer Vereinbarung nicht unmittelbar auf die Kompetenzen der Legislative Rücksicht nehmen. Vielmehr spielt der Gesetzgeber bei der Auslegung gewillkürter Vertragsklauseln nur eine mittelbare Rolle, indem er die Rahmenbedingungen setzt, innerhalb derer die Parteien ihre Vertragsfreiheit verwirklichen (können).

14 Ziel guter Vertragsgestaltung ist, den Entscheidungsspielraum des Gerichts durch rechtsbeständige und eindeutige Klauseln möglichst zu verengen. Denn anders als Gesetze, die generell-abstrakte Regelungen treffen und bei denen eine Interpretation naturgemäß offener Klauseln nach dem Civil Law unvermeidlich ist[2], können und sollten die Parteien in einem Vertrag den Umfang ihrer Rechte und Pflichten möglichst exakt festlegen, geht es doch hier um den jeweils konkret-individuellen Einzelfall der Beziehung von Personen in einem bestimmten Sachverhalt. Diese Obliegenheit klarer Vertragsgestaltung gilt nicht nur für Hauptleistungspflichten, sondern auch für Fragen der Leistungssicherung und Durchführung eines Vertrags. Gerade bei Sicherung und Durchführung können allerdings Situationen entstehen, die zum Zeitpunkt der Vertragsgestaltung noch nicht vorhersehbar waren und die Auswirkungen auf den zugrunde gelegten Sachverhalt haben; hier helfen nur weite Formulierungen bis hin zu Generalklauseln[3] (z.B. *The Par-*

---

1 BVerfG, NJW 2012, 669 Rz. 45.
2 Im Gegensatz zu Gesetzen des Englischen Rechts und der dortigen Rechtstradition, vgl. *Radbruch*, S. 28.
3 *Heussen*, Handbuch, Teil 1 Rz. 81.

ties shall enter into good faith negotiations). Denn wie bei jedem Vertrag ist auch an diesen Stellen eine Abwägung statischer und dynamischer Elemente vorzunehmen: Einerseits muss der Vertrag hinreichend statisch sein, um eine belastbare Beziehung der Parteien zu tragen, andererseits bedarf er einer ausreichenden Flexibilität, um den Parteien Gelegenheit zu geben, auf Entwicklungen, die sich im Laufe der Vertragsbeziehung ergeben, angemessen reagieren zu können[1]. Ausfluss eines dynamischen Verständnisses sind etwa Regelungen des *Change Requests*, die ein innerhalb des Vertrags institutionalisiertes Verfahren der Anpassung von Hauptleistungspflichten und Auswirkungen auf die Gegenleistung vorsehen.

Bei der Interpretation vertraglicher Regelungen greift die kontinental-europäische Tradition auf die grammatische, die historische und die systematische Auslegung mit dem Ziel teleologischer Ermittlung des Sinns der Vorschrift zurück[2]. Die grammatische Exegese knüpft an die wörtliche Bedeutung eines Begriffes an; die historische Interpretation versucht, einen Begriff hinsichtlich seines historischen Kontextes, seiner Entstehungsgeschichte und den vom Verfasser intendierten Zielen zu begreifen. Die systematische Interpretation stellt den auslegungsbedürftigen Begriff in den Kontext der übrigen Regelungen, um so seine Bedeutung zu klären. Dies alles dient dazu, den Zweck (griechisch: *Telos*) eines Begriffes zu ermitteln. Da hoheitliche Maßnahmen stets innerhalb eines Hierarchieverhältnisses stehen, sind dort weitere, ihren Inhalt beeinflussende Ansätze der Interpretation von Gesetzen die verfassungs- und europarechtskonforme Auslegung[3].   15

Mag auch zunächst einmal der objektive Empfängerhorizont maßgeblich sein, so berücksichtigt die Tradition des Civil Law im Rahmen der Auslegung von Vereinbarungen auch Aspekte von Treu und Glauben, so dass der reine Wortlaut zwar eine wesentliche, aber keine ausschließliche Bedeutung besitzt[4]. Soweit deutsches Recht anwendbar ist, kommen diese Grundsätze – insbesondere auch §§ 133, 157 BGB – bei Verträgen, die in Englisch abgefasst sind, ebenfalls zur Anwendung[5]. Nach deutschem Verständnis ist danach nicht beim Wörtlichen stehen-   16

---

1 *Heussen*, Handbuch, Teil 1 Rz. 21 ff.
2 Vgl. dazu allgemein *Stein*, S. 12 f.; für deutsche Verträge MüKo-BGB/*Busche*, § 133 Rz. 7; zur ständigen Rechtsprechung vgl. z.B. BGH, NVwZ 2011, 581 (Rz. 18) m.w.N.; für englische Verträge ausf. *Nordmeier*, VersR 2012, 143.
3 Vgl. zu letzterem Grabitz/Hilf/*Pernice/Mayer*, Art. 220 Rz. 30 sowie zu den Auslegungsgrundsätzen auf europäischer Ebene ibid., Rz. 42 ff.
4 *Balthasar/Triebel*, NJW 2004, 2189 (2192 f.); *Heussen* in Heussen, Handbuch, Teil 2 Rz. 228.
5 *Armbrüster*, NJW 2011, 812 (815); im Zweifel – und damit auf Basis der teleologischen Auslegung – ist danach der Interpretation der Vorzug zu geben, die nicht zu einer Nichtigkeit des Rechtsgeschäfts führt (BGH vom 17.3.2012 – I ZR 93/09). Vgl. zu den beschränkten Interpretationsformen angelsächsischer Tradition *Daigneault*, S. 31 ff.; siehe jedoch zu *implied terms*

zubleiben. Eine § 157 BGB entsprechende Regelung, wonach Verträge so auszulegen sind, wie Treu und Glauben mit Rücksicht auf die Verkehrssitte es erfordern, ist dem Common Law jedoch weitgehend fremd[1].

17 So kennt das Common Law das Prinzip der Auslegung nach Treu und Glauben (*in good faith*) in sehr schwachem Maß[2] und berücksichtigt für die Interpretation eines Begriffes regelmäßig nur die wörtliche Bedeutung[3], bleibt also insoweit bei der grammatischen Auslegung stehen. Aufgrund dieser *plain meaning rule*[4] arbeiten Verträge in vom Common Law geprägten Ländern sehr viel stärker mit genauen Definitionen und detaillierten Vorschriften, die sich nach der deutschen Rechtsordnung selbstverständlich aus Sinn und Zweck einer Regelung ergeben[5]. So zieht die Formulierung *including* (oder *in particular*) in englischen Verträgen regelmäßig die Worte *but not limited to* nach sich. Denn nach den Vermutungsregelungen des Common Law verdrängen speziellere Regelungen im Zweifel allgemeine Klauseln. Haben die Parteien im Vertrag nichts Gegenteiliges vereinbart und folgt einem *including* (oder einem *in particular*) damit nicht eine Erweiterung, besteht die Gefahr, dass die Parteien die spezielleren, nicht aber die allgemeinen Punkte im Vertrag durch diese Klausel regeln wollten[6]. Deutsche Gerichte hingegen kennen für Gesetze zwar ebenfalls den Grundsatz des *lex specialis derogat legi generali*[7], lesen in ein *insbesondere* eines Vertrags jedoch stets eine beispielhafte Erwähnung hinein, die das allgemein hiervon Erfasste gerade nicht ausschließen soll. Umgekehrt weisen auch Gesetze etwa im Englischen Recht zahlreiche Definitionen auf[8], wo etwa deutsches Recht allgemeine und mithin abermals ausfüllungsbedürftige Klausel vorsieht.

18 Auch in der Einführung eines englischen Vertrags (*Recitals*) gemachte Aussagen zu den Parteien bleiben – soweit wiederum nicht ausdrücklich etwas anderes im Vertrag vereinbart – bei der Interpretation von Rechten und Pflichten nach dem Verständnis des Common Law unberücksichtigt. Die Präambel kann deshalb keine Auswirkungen etwa auf Fragen von Gewährleistung und Haftung sowie des Sorgfaltsmaßstabs

---

und der damit zusammenhängenden ergänzenden Vertragsauslegung *Nordmeier*, VersR 2012, 143 (145).

1 Mag sich dies in Einzelfällen auch nach dem Common Law ergeben, vgl. *Kötz*, AnwBl. 2010, 1 (3).

2 Vgl. hierzu *Daigneault*, S. 33; *Kochinke* in Heussen, Teil 9.1 Rz. 116; *Kötz*, AnwBl. 2010, 1 (3).

3 *Döser*, JuS 2000, 246 (249); *Kötz*, AnwBl. 2010, 1 (4).

4 Vgl. *Triebel/Balthasar*, NJW 2004, 2189 (2194).

5 Gleiches gilt für Gesetze dieses Rechtskreises, vgl. *Radbruch*, S. 28.

6 *Daigneault*, S. 33; *Nordmeier*, VersR 2012, 143 (148 m.w.N. d. Rspr.).

7 Allg. und ausf. *Vranes*, ZaöRV 2005, 391.

8 Eine – nach *Radbruch*, S. 28 – Gesetzestechnik außerordentlicher und unschöner Art.

entfalten[1]. Die Institute des Wegfalls der Vertrags- resp. Geschäftsgrundlage[2] und der höheren Gewalt, also von keiner der Parteien zu vertretender Umstände, die der Vertragserfüllung einer Seite im Wege stehen, sind im Case Law ebenfalls nicht stark ausgeprägt. Dies erklärt umfangreiche Klauseln zu *force majeure* in Common Law unterstellten Verträgen[3], die auch ein Mittel sein können, die Risikosphären der Partner zu verschieben und so die Haftung für vertraglich eingegangene Verpflichtungen einer Partei – in ihrer Weite mitunter nach deutschem Recht der Formularverträge: unzulässig[4] – zu reduzieren.

Da gegenüber dem Common Law eine erheblich höhere Regelungsdichte kraft kodifizierten Rechts in der Civil Law Tradition vorherrscht, sind schließlich dort deutlich weniger Punkte zwischen Vertragsparteien klärungsbedürftig als bei einem stark auf Rechtsprechung basierenden System des Case Law[5]. Auch dies erklärt, dass etwa Verträge, die etwa US-Recht unterstehen, deutlich umfangreicher als etwa Vereinbarungen auf Basis des deutschen Rechts sind.   19

c) Consideration

Nach dem Verständnis des Common Law fußt ein Vertrag (*agreement/ contract*) auf dem Prinzip der *consideration*, das nur unzureichend mit *Gegenleistung* zu übersetzen ist[6]. Anders als etwa im deutschen Recht, das eine Schenkung als Vertrag definiert, bedarf es für das Vorliegen eines *agreements* einer *consideration*. Dies mag ein Grund dafür sein, dass US-Amerikaner zu distributivem Verhandeln und einem *quid pro quo* neigen. Bei einer *consideration* müssen beide Parteien berechtigt sein, Leistungen aus einem Vertrag oder zumindest auf seiner Basis zu erhalten[7].   20

Dies macht die häufig in Verträgen verwendete Formulierung

for good and valuable consideration, the receipt and sufficiency of which is hereby acknowledged,

deutlich[8]. Fehlt es an einer *consideration*, so liegt lediglich ein *arrangement* vor, aus dem sich üblicherweise keine gerichtlich durchsetzbaren Ansprüche ableiten lassen[9]. Dies ist erheblich, wenn der nach deut-

---

1 *Daigneault*, S. 61; eine Wirkung – wie im Deutschen – den darin enthalten Inhalten gleichwohl nicht absprechend *Döser*, JuS 2000, 456.
2 § 313 BGB; vgl. hierzu zuletzt OLG Saarbrücken, NJW 2012, 3731 (3732 f.); OLG Frankfurt a.M., GRUR 2013, 132.
3 *Daigneault*, S. 77 f.; ein Beispiel hierzu findet sich unter Rz. 198.
4 Siehe jedoch BGH, NJW-RR 2012, 1333.
5 So auch *Schrey/Kugler*, S. 6 f.; *Heussen*, Teil 1 Rz. 5, 9 f.
6 *Glass*, S. 25; eine Übersetzung ganz ablehnend *Linhart*, S. 68.
7 *Döser*, JuS 2000, 246 (251); *Kochinke* in Heussen, Handbuch, Teil 9.1 Rz. 57.
8 Vgl. auch das ausführlichere Beispiel bei *Kochinke* in Heussen, Handbuch, Teil 9.1 Rz. 57.
9 *Glass*, S. 25; *Kösters*, NZG 1999, 623; *Schrey/Kugler*, S. 1; *Kochinke* in Heussen, Handbuch, Teil 9.1 Rz. 75.

schem Verständnis geschlossene Vertrag nicht deutschem Recht unterstellt ist: Dann können sich bei der Durchsetzung aus deutscher Sicht verbindlicher Vereinbarungen erhebliche Probleme ergeben[1].

d) Abstraktionsprinzip

21 Für die Frage der Sicherung der Leistung ist wesentlich, dass das Common Law nicht zwischen schuldrechtlichem Verpflichtungs- und dinglichem Verfügungsgeschäft trennt[2], dem im deutschen Recht als Abstraktionsprinzip bekannten und insbesondere bei Jurastudenten so beliebten Grundsatz. Hieraus folgt, dass ein Eigentumsübergang regelmäßig bereits im Vertrag erfolgt. Common Law unterstellte Vereinbarungen enthalten regelmäßig keine Eigentumsvorbehaltsklauseln. Aber auch das deutsche internationale Privatrecht, das das Verhältnis einzelner Rechtsordnungen verschiedener Staaten oder Gebiete zu einander regelt, kennt den Grundsatz der *lex rei sitae*. Nach diesem Prinzip beurteilt die sachenrechtliche Anknüpfung diejenige Rechtsordnung, die auf den Belegungsort der Sache Anwendung findet. Die Wahl deutschen Rechts in einer Vereinbarung mit Eigentumsvorbehaltsklausel kann also leer laufen, wenn der Gegenstand Deutschland verlassen hat[3]. Deshalb ist in diesem Fall die sachenrechtliche Behandlung des Vertragsgegenstandes in der ausländischen Rechtsordnung zu prüfen, in dessen Territorium der Gegenstand verbracht wird, will der Verkäufer seine Rechte möglichst weitreichend schützen. Andernfalls helfen nur andere Sicherungsinstrumente wie etwa Vorauskasse oder ein *letter of credit*.

e) Reichtum der englischen Sprache

22 Schließlich kommen Unterschiede der Sprachsysteme und deren Ursprünge hinzu. Englisch als Sprache besitzt sowohl lateinische, normannische wie germanische Wurzeln, wohingegen sich das Deutsche wesentlich geringer aus dem Lateinischen speist. Die Römer ließen die Germanen bekanntlich hinter dem Limes in ihren Wäldern unbehelligt, während der Hadrianswall im wesentlichen England von Schottland trennte und the Norman Conquest die Engländer 1066 überrannte. Als Folge davon besitzt das Englische eine deutlich größere Anzahl an Worten. Eine für die Literatur willkommene Undeutlichkeit der deutschen Sprache lässt sich im Englischen durch Nutzung konkreter Begrifflichkeit stark reduzieren. Dieser Umstand allerdings gibt dem Unkundigen auch mehr Raum für die Verwendung von in der Situation unzutreffenden Formulierungen, was auch Missverständnisse hinsichtlich juristi-

---

1 *Kösters*, NZG 1999, 623; zur Frage, in wieweit die Wahl der Sprache eine indizielle Bedeutung für die Rechtswahl hat, vgl. *Armbrüster*, NJW 2011, 812 (815).

2 *Döser*, JuS 2000, 246 (252); *Linhart*, S. 68.

3 *Döser*, JuS 2000, 246 (252).

scher Oberbegriffe erfassen kann: So ist der *lawyer* zwar auch, aber nicht ausschließlich der Anwalt, sondern dient im Englischen daneben der generischen Bezeichnung für Jurist[1], der *solicitors, barristers* und *judges* umfasst[2]. Für Vertragsverhandlungen kann die Verwendung unzutreffender Worte negative Folgen haben: denn bedient sich ein Deutscher des Englischen als Verhandlungs- und Vertragssprache, so übernimmt er nach deutschem Verständnis auch das damit verbundene Sprachrisiko[3].

Eine exakte Definition kann hier helfen. Darüber hinaus empfiehlt sich – wie auch im Deutschen –, für einen Begriff immer dieselbe Bezeichnung zu verwenden. Außerdem ist bei der Wahl deutschen Rechts zu beachten, dass an einen englischen Begriff andere Rechtsfolgen geknüpft sein können als an seine Übersetzung im deutschen Recht[4]. Hilfreich ist hier, den deutschen Begriff als Klammerzusatz dem englischen Wort hinzuzufügen oder allgemein nicht nur den Vertrag, sondern auch die Auslegung der darin verwendeten Begriffe einer Rechtsordnung zu unterstellen.   23

3. Besonderheiten bei Verhandlungen

a) Allgemeines

Eine gewünschte Klarheit vertraglicher Regelungen erreichen die Parteien nur, wenn sie den Vertrag in einer Sprache abfassen, die sie verstehen. Schwer Verständliches bleibt unverstanden und führt zu Krisen, die – wenn Mechanismen zur Lösung fehlen oder ebenfalls unverständlich sind – zum Ende der vertraglichen und dem Beginn der streitigen Auseinandersetzung führen. Die Wahl einer Sprache allein begründet in diesem Zusammenhang noch keine Rechtswahl[5], sondern lediglich die Übernahme des Sprachrisikos[6]. Darüber hinaus werden allgemeine Geschäftsbedingungen ausschließlich auf Englisch selbst im unternehmerischen Verkehr nach deutscher Rechtsprechung nur dann unstrittig   24

---

1 *Henry/Pike*, S. 45; *Linhart*, S. 15.
2 Möglicherweise ein Missverständnis, dem Ursula Krechel in Korrespondenz mit der Tochter des Helden ihres Romans *Landgericht* erlegen ist; vgl. FAZ v. 10.11.2012.
3 MüKo-BGB/*Wurmnest*, § 307 Rz. 236 m.w.N.; für die Praxis *Kochinke* in Heussen, Handbuch, Teil 9.1 Rz. 60.
4 Vgl. Rz. 45 ff.
5 Vgl. nur MüKo-BGB/*Spellenberg*, VO 593/2008 Rz. 36 m.w.N.; allerdings kann nach OLG Brandenburg (NJW-RR 2012, 535) eine konkludente Rechtswahl nach Art. 27 Abs. 1 EGBGB, Art. 3 Abs. 1 EVÜ; vgl. Art. 3 Abs. 1 Rom-I VO vorliegen, wenn beide Parteien ihren Sitz in einem Staat haben und auf die Rechtsordnung dieses Staates im Vertrag Bezug nehmen.
6 MüKo-BGB/*Wurmnest*, § 307 Rz. 236 m.w.N.

wirksam einbezogen, wenn die Parteien in dieser Sprache verhandelt haben[1]. Zur Vermeidung von Unklarheiten hilft also:

› Lieber am Anfang reden als am Ende streiten.

Gespräche verdeutlichen Missverständnisse und vermeiden Dissenz. Selbst wenn die Parteien eine Einigung über die *essentialia negotii* erzielt und damit nach deutschem Verständnis einen Vertrag geschlossen haben[2], gibt es immer noch ausreichend Spielraum für Auseinandersetzungen, wenn für die Parteien – nicht im Rechtssinne – wesentliche Teile des Vertrags offen oder jedenfalls nicht eindeutig geklärt und kodifiziert worden sind.

25 Um dabei eine Situation zu vermeiden, in der der Mann zur Frau sagt: *Ja, Miss, wir verstehen uns*, woraufhin diese antwortet: *Ja, wir missverstehen uns*[3], sind zahlreiche Hürden zu nehmen. Die Sprachbarriere, Rechtsordnung sowie bei Wahl einer Rechtsordnung und davon abweichender Sprache mögliche unterschiedliche Begrifflichkeiten sind ebenso wie kulturelle Unterschiede und Befindlichkeiten der anderen Seite gegenüber dem eigenen Volk zu berücksichtigen[4]. Verhandeln als soziales Ritual[5] wird naturgemäß vom Hintergrund der hieran Beteiligten beeinflusst. Um hier Fallstricke zu vermeiden, sollte sich der deutsche Partner der teilweise divergierenden kulturellen Vorverständnisse der einzelnen Länder respektive Rechtsordnungen zumindest in Ansätzen bewusst sein[6]. So kann z.B. Vertragstreue in den Ländern, denen die Parteien jeweils angehören, unterschiedlich ausgeprägt und etwa als rechtliche Bindung in westlichen Gesellschaften, als soziale Bindung in östlichen Kulturen zu verstehen sein[7]. Dies hat Auswirkungen auf Änderungsbegehren einer Seite bezüglich eingegangener Vereinbarungen und die Beilegung von Konflikten. Denn häufig ist es leichter, einen

---

1 OLG Hamm, IPrax 1991, 324; OLG Köln, VersR 1999, 639, 641; BGH, NJW 1995, 190; MüKo-BGB/*Wurmnest*, § 307 Rz. 236; für eine allgemeine Einbeziehung unabhängig von der Verhandlungssprache hingegen OLG Koblenz, IPrax 1994, 46, 48.

2 Vgl. § 154 BGB.

3 Watzlawick/*Wechsler*, S. 30.

4 Für die USA: *Watzlawick*, Gebrauchsanweisung für Amerika; für England: *Koydl*, Fish and Fritz; zu den weiteren vermeintlichen oder tatsächlichen Befindlichkeiten zwischen Briten und Deutschen vgl. auch *Radbruch*, S. 14 ff. und die Szene *Don't mention the war*, Monty Python, Faulty Towers; ob folgender mir glaubhaft überlieferter Dialog kurz nach Ende des Zweiten Weltkriegs bei der Passkontrolle in Dover die Einreise beschleunigt hat, ist allerdings nicht bekannt: Britischer Grenzbeamter: *Have you been to the UK before?* Deutscher: *Well, we have tried.*

5 *Heussen*, Handbuch, Teil 1 Rz. 18 ff.; Teil 2 Rz. 381a.

6 *Kochinke* in Heussen, Handbuch, Teil 9.1 Rz. 10, ff., 140, 144 ff.; die Unterschiede zwischen den USA und Großbritannien werden auch deutlich in der (Reise)Beschreibung des US-Amerikaners Bryson über Großbritannien; *Bryson*, Notes from a Small Island.

7 *Heussen*, Handbuch, Teil 1 Rz. 5, 19 ff.

Vertrag erstmals zu verhandeln als Gespräche zu führen, wenn diese Vereinbarung in die Krise geraten ist. Während zu Beginn vertraglicher Beziehungen die damit verbundenen Hoffnungen üblicherweise groß und vor allem noch nicht enttäuscht worden sind, ist im Konflikt der Lack ab und die Parteien stehen vor der Wahl, einen Neustart zu versuchen oder bei Trennung die Schäden für die eigene Seite möglichst gering zu halten.

Wenn Nachfolgendes ausschließlich kurz Verhandlungen mit Briten und US-Amerikanern erfasst, sollte dies nicht zur Ansicht verleiten, die Situationen wären abschließend und Verhaltenskodizes mit Personen anderer Kulturkreise damit ebenfalls behandelt; vielmehr sind die USA und Großbritannien vom rechtlichen Verständnis über Aufgaben und Bindung eines Vertrags wie vom kulturellen Grundkonsens Deutschland wesentlich näher als andere Staaten[1].   26

Zudem können sprachliche Barrieren mit englischsprechenden Muttersprachlern ausschließlich auf Seiten des deutschen Verhandlungspartners auftreten, während in anderen sprachlichen Kulturkreisen bei Verhandlungen auf Englisch mit linguistischen Problemen auch der Gegenseite gerechnet werden muss. Dies kann in der Praxis erhebliche Schwierigkeiten aufwerfen, wenn die Partner eine bindende Vereinbarung tatsächlich unterschiedlichen Verständnisses abgeschlossen haben: Mag auch der Wortlaut eindeutig und damit für eine Partei durchsetzbar sein, ist den Parteien regelmäßig nicht mit einer konfrontativen Entwicklung bei Durchführung des Vertrags gedient. Unabhängig von dem Rechtsbindungswillen des Partners und der Durchsetzbarkeit nach der anwendbaren Rechtsordnung erleichtert dies naturgemäß ein gemeinsames Verständnis des Gewollten nicht. Hier kann eine Übersetzung in die Landessprache des anderen Teils helfen; allerdings ist im Vertrag festzustellen, dass ausschließlich die englische Version der Vereinbarung maßgeblich sein soll, um weitere Missverständnisse auf Basis unterschiedlicher Vertragssprachen zu vermeiden.

Was sich auch in Deutschland von selbst versteht, gilt auch für Verhandlungen mit Ausländern: Auf „Scherze", die rassischen, geschlechtsspezifischen, religiösen oder anderweitig diskriminierenden Hintergrund haben, ist zu verzichten, will der deutsche Verhandlungspartner nicht als engstirniger Rassist angesehen werden. Deutschen wird die Tendenz nachgesagt, Dinge besser zu wissen oder zumindest davon auszugehen. Gut gemeinte Ratschläge an die andere Seite sind danach ebenso zu vermeiden[2] wie der allgemeine und damit stets trüge-   27

---

1 Allg. *Heussen* in Heussen, Teil 1 Rz. 5, 71; ausführlich hierzu für andere Gesellschaften: *Schwarz* in Heussen, Handbuch, Teil 9.2 (Russland); *Pattloch* in Heussen, Handbuch, Teil 9.3 (China); *Wakatsuki* in Heussen, Handbuch, Teil 9.4 (Japan); *Cruschmann* in Heussen, Handbuch, Teil 9.5 (Brasilien).
2 *Kochinke* in Heussen, Handbuch, Teil 9.1 Rz. 98 f.

rische Eindruck, man wisse es besser: Denn auch Ratschläge können Schläge sein und schon in der Schule mochte keiner denjenigen, der alles besser wusste. Also lieber zur Verfolgung der eigenen Interessen besser machen als besser wissen. Wie meist gilt auch hier, dass man in Umgang, Verhandeln, geistiger Schnelligkeit und juristischem Verständnis nicht gut sein muss, sondern nur besser als die andere Seite, auch wenn dieses Ziel natürlich bei objektiver Betrachtung oft genug nicht erreicht wird.

b) Verhandlungen mit Briten

aa) Höflichkeit

28 Es ist dem britischen Wesen inhärent, sich stets höflich zu verhalten und durch Formulierungen Verständnis für die andere Seite zu zeigen oder zumindest zu suggerieren. Tatsächlich nämlich kann das Gegenteil vom Gesagten gemeint sein, wie der britische *Economist*[1] meint:

Euphemism is so ingrained in British speech that foreigners, even those who speak fluent English, may miss the signals contained in such bland remarks as "incidentally" (which means, "I am now telling you the purpose of this discussion"); and "with the greatest respect" ("You are mistaken and silly"). This sort of code allows the speaker to express anger, contempt or outright disagreement without making the emotional investment needed to do so directly. Some find that cowardly.

Die tapferen Germanen[2] hingegen gelten in Großbritannien als *very direct*, was nichts anderes als – natürlich höflich formuliert – unhöflich bedeutet. Im Gegensatz dazu entschuldigen sich Briten gern, womit die Angelegenheit dann aber auch im Regelfall erledigt ist. Ein Insistieren auf einen bestimmten, von der anderen Seite gemachten Fehler wird als unhöflich empfunden und kann zu – dem insoweit stärksten Wort der Missbilligung – *irritation* führen.

29 Das Einstreuen von Worten des Bedauerns und Bedankens in Dialogen mit Briten – etwa *sorry, excuse me, our apologies for the inconvenience* oder *thank you for bearing with me* – schadet also nicht, sondern kann die Stimmung auflockern. Gleiches gilt für Bemerkungen über die (nicht nur) von Briten als unfair empfundene Unart (Deutscher), Handtücher schon gegen Mitternacht für den kommenden Tag auf die bestplatzierten Sonnenliegen am Strand oder Pool zu positionieren – vielleicht ein Relikt der für Deutsche formulierten Sorge, *Volk ohne Raum*[3] zu sein oder zumindest dem Wunsch entspringend, einen *Platz an der Sonne*[4] zu

---

1 The Economist, Printausgabe vom 17.12.2011; zu finden auch unter www.eco nomist.com/node/21541767?frsc=dg%7Ca.
2 Vgl. *Tacitus*, de origine et situ Germanorum, z.B. liber 6, 14, 30.
3 *Hans Grimm*, Volk ohne Raum.
4 Reichskanzler Bernhard v. Bülow, 1897 nach *Penzler* (Hrsg.): Fürst Bülows Reden nebst urkundlichen Beiträgen zu seiner Politik. Bd. 1, 1907, S. 7.

erhalten. Mit der nicht immer ganz friedvollen Geschichte Deutschlands während des 20. Jahrhunderts kann man aber auch zum eigenen Vorteil spielen: So lässt sich die Verhandlungsregie mit der Einleitung an sich ziehen *we Germans have a history of starting things, so let me begin.*

Auch in einem zweiten Sinne werden Deutsche in Großbritannien   30 beim Verhandeln als *very direct* empfunden: Während Briten häufig zunächst scheinbar allgemeine Gespräche führen, um sich dann langsam dem *wording* eines Vertrags zuzuwenden, ist der deutsche Part häufig geneigt, sofort *in medias res* zu gehen und so die Chance zu verpassen, seinen Gegenüber, dessen Bedürfnisse, Positionen und Interessen besser (er-)kennen zu lernen. Denn bereits ein informelles Gespräch über vermeintlich Irrelevantes bietet die Chance, den Raum möglicher Zugeständnisse der anderen Seite auszuloten. Umgekehrt gilt bei solchen Gesprächen, die eigenen Interessen im Auge zu behalten und nicht bereits in diesem Stadium der Verhandlungen – denn dazu gehört auch das scheinbare Geplänkel – für die späteren Diskussionen relevante Punkte durch unbedachte Äußerungen zu vergeben.

Soweit mehrere Personen die Verhandlungsdelegation stellen, lässt sich   31 möglicherweise im Rahmen eines solchen vermeintlich lockeren Gesprächs auch klären, ob die Englisch sprechende Seite über Kenntnisse der deutschen Sprache verfügt. Sollte dies nicht der Fall sein, kann die Einsprachigkeit der Gegenseite in Verhandlungen Spielräume eröffnen. Zwar sollte man die Autorität des eigenen Verhandlungsführers gegenüber der anderen Seite nicht durch Unterbrechen, Widersprechen oder anderweitig ungefragte Äußerungen beschädigen; doch kann ein kurzes Wort (auf Deutsch) in Ausnahmesituationen größeres Unheil verhindern, wenn die Verhandlung in die falsche Richtung läuft, der eigene Leiter dies befördert oder nicht erkennt und die andere Seite kein Deutsch spricht. Soweit konfrontativ verhandelt wird, dient ein kurzes Gespräch auf Deutsch – zur Sicherheit leise – dazu, die Unsicherheit der Gegenseite zu befördern, weil sie dessen Inhalt mangels Kenntnis des Deutschen nicht versteht.

bb) Vermeintliche Zustimmung

Wer von seinem britischen Vertragspartner die Aussage hört   32

I see your point,

sollte sich nicht über das Verständnis der anderen Seite freuen. Tatsächlich dient diese Aussage britischen Verhandlungspartnern dazu, höflich darauf hinzuweisen, dass der Gesprächspartner auf dem Holzweg ist. Noch drastischer – und in der Tat unhöflich – ist der Satz

I hear what you are saying

oder – schlimmer noch –

I hear you talking.

17

cc) Ablehnung

33 *Never say „no".* Bei *no* handelt es sich um ein *no go.* Es wird in Großbritannien als unhöflich und abweisend empfunden. Eine Ablehnung im Rahmen von Vertragsverhandlungen erfolgt etwa durch Formulierungen wie

> *Not at the moment*
> *I believe that this is not (…)*
> *I am afraid we cannot (…)*
> *Unfortunately I cannot accept (…)*
> *I would disagree (…)*

Im Spaß lässt sich auch sagen

If I agreed with you, we would both be wrong.

Auch vermeiden Briten, von *problem* zu sprechen, es sei denn, es wird in *no problem* verwendet. Bei *problems* handelt es sich um lebensbedrohliche Situationen, wie etwa in dem Satz

Houston, we've got a problem[1].

Alle anderen als existenzielle Fragen von Sein oder Nichtsein sind etwas anderes. Als Alternativen kommen in Betracht:

> Issue: *There seems to be issue here*
> Concern: *We are concerned that …*
> Challenge: *This is a challenging timeframe*
> Difficulty: *I have (somewhat) difficulties with what you are proposing//We are experiencing difficulties in this respect*
> Trouble: *The tsunami caused trouble in our supply chain*

Wenn es wirklich eng wird, kann zur Bestärkung eine Kombination einzelner dieser Worte verwendet werden, so etwa im Folgenden, für das reale Leben etwas überfrachteten Satz:

Due to the trouble we have experienced, we are challenged solving the difficulties however have the feeling that all issues in question will be addressed in due course.

34 Schließlich sind von Briten gewählte Formulierungen wie *you might want to consider*, die Deutsche als lediglich unverbindliche Anregung begreifen, als konkrete Erwartungshaltung zu verstehen, weil auch Kritik gern weich formuliert wird.

---

1 Eigentlich sagte der Astronaut der Apollo 13 Mission 1970 wohl: *Houston, we have had a problem;* als geflügeltes Wort hat sich aber der im Haupttext genannte Satz eingeprägt.

c) Verhandlungen mit US-Amerikanern

Mit Kritik, vor allem aber mit Begeisterung geizen US-Amerikaner   35
nicht. Sie neigen häufig zu starkem Lob (*tremendous/fabulous work, you
did a great job*), was der Adressat allerdings nicht dahingehend über-
bewerten sollte, man sei *the best thing since sliced bread*. Jeder ist Lob zu-
gänglich, doch kann es sich gegen den Gelobten wenden, wenn Regelungen in den Hauptteil des Vertrags Eingang finden und es etwa um
den Umfang von Rücksichtnahmepflichten, Obliegenheiten und die Voraussetzungen von Gewährleistungsrechten geht. Ein lockeres Auftreten der US-amerikanischen Verhandlungspartner sollte auch nicht
darüber hinwegtäuschen, dass US-Amerikaner in der Sache zwar prag-
matisch, aber hart und mit einem distributiven Ansatz verhandeln[1].
Achtung bei der Themenwahl: Religion ist aufgrund ihres metaphysi-
schen Charakters nie ein Thema für Smalltalk. In einem Land, in dem
68 % der Republikaner und immerhin 40 % der Demokraten die Evolu-
tionslehre ablehnen[2], ist selbst bei schmerzhaften Gesprächspausen
dieses Thema zu vermeiden, wenn die Gespräche nicht im Bible Belt
stattfinden und man selbst nicht ebenfalls der Auffassung ist, dass Dar-
win falsch lag.

aa) Tatsächliches Verhandeln

Aussagen „ins Blaue" und Schutzbehauptungen sollten unterlassen   36
werden, weil sie bestenfalls die Glaubwürdigkeit als vertrauenswürdi-
ger Verhandlungspartner unterminieren, schlimmstenfalls zu Schaden-
ersatzansprüchen der Gegenseite führen können. Insbesondere in den
USA sollte die allgemeine Regel beherzigt werden, Zugeständnisse
nicht zu früh[3] und vor allem nicht einseitig, sondern immer im Rahmen einer Bilanz der Zugeständnisse zu machen. Phantomprobleme[4],
also vermeintliche Probleme, die es in dieser Form bei Anwendung des
Rechts eines US-Staates nicht oder nur eingeschränkt gibt – wie etwa
den Ausgleichsanspruch eines Handelsvertreters oder Vertragshändlers
oder eine übliche Beschränkung der Gewährleistung und Haftung –,
sollte der deutsche Verhandlungspartner allenfalls am Rande anspre-
chen. Sonst untergräbt er seine Glaubwürdigkeit als fachlich kompeten-
ter Partner oder gibt seinem Gegenüber Raum für vermeintliche Zugeständnisse, die tatsächlich üblich oder unbedenklich sind. Gleiches gilt
für gesetzlich zwingende Vorschiften. Damit zusammenhängende Pro-

---

1 Vgl. *Kochinke* in Heussen, Handbuch, Teil 9.2 Rz. 12; zu den Schritten einer
  Vorbereitung der Verhandlungen ibid., Rz. 18 ff.
2 Für unabhängige Wähler beträgt der Anteil 37 %; vgl. zum Gesamten:
  http://www.gallup.com/poll/27847/majority-republicans-doubt-theory-evolu
  tion.aspx.
3 *Kochinke* in Heussen, Handbuch, Teil 9.1 Rz. 79.
4 *Kochinke* in Heussen, Handbuch, Teil 9.1 Rz. 78.

bleme lassen sich nicht am Verhandlungstisch, sondern ausschließlich an der Wahlurne lösen.

bb) Interne Unterlagen

37 Im Rahmen eines streitigen Verfahrens kennt das US-Recht darüber hinaus den Grundsatz der (*pre-trial*) *discovery*, wonach ein Ausforschungsbeweisverfahren die gegnerische Partei berechtigt, Einsicht in eine Vielzahl von Dokumenten der anderen Seite zu nehmen[1], soweit es sich nicht um die Korrespondenz zwischen Anwalt und Mandant handelt[2]. Bereits im Stadium der Verhandlungen ist deshalb darauf zu achten, auch in unternehmensinterner Korrespondenz die Begrifflichkeiten klar abzufassen und insbesondere auf Worte wie *penalty* oder *scheme* zu verzichten, mögen sie auch nach deutschem Recht übliche Vertragsstrafen (*penalty*) oder Absichten (*schemes*) darstellen, die nach US-Recht jedoch als Komplott (*scheme*) oder unzulässige Vertragsstrafe (*penalty*) aufgefasst werden können[3].

---

1 *Kochinke* in Heussen, Handbuch, Teil 9.1 Rz. 86 f.
2 *Kochinke* in Heussen, Handbuch, Teil 9.1 Rz. 85.
3 *Kochinke* in Heussen, Handbuch, Teil 9.1 Rz. 77.

Kapitel 2
Grundsätze der Vertragsgestaltung

Seit wann ist denn recht und schlecht und recht schlecht einerlei?[1]

Wegen der größeren Regelungsbedürftigkeit, aber auch Regelungsmög- 38
lichkeit dem Common Law unterstellter Vereinbarungen weisen diese
häufig erheblich genauere Klauseln als etwa Verträge nach deutschem
Recht auf. Die in der angelsächsischen Tradition abgefassten *agreements*
bieten dabei durch ihre stärkere Konkretisierung des von den Parteien
Gewollten oder zumindest Kodifizierten hilfreiche Aspekte, wie auch
deutsche Verträge größere Klarheit für das Verhältnis der Partner bewirken können. Dies gilt z.B. für Fragen der Eskalationsstrategie[2] ebenso wie für Mitwirkungsleistungen, Veränderungen der Hauptleistungspflichten oder Regelungen zur außerordentlichen Kündigung[3].

1. Allgemeine Regeln des Vertragsdesigns

Form follows function – wie beim klassischen Design gilt dies auch für 39
die Vertragsgestaltung[4]. Da eine Vereinbarung nur dann beständig und
vor allem nachweisbar ist, wenn die Parteien sie auch schriftlich fixie-
ren, sind wesentliche Faktoren eines Vertrags seine Sprache und Struktur. Hiermit befasst sich das Vertragsdesign[5]. Auch wenn die Gliederung von Verträgen im Deutschen vom englischen Aufbau divergiert[6],
gelten doch für eine Vielzahl von Fragen des Vertragsdesigns unabhängig von rechtlichen oder kulturellen Unterschieden dieselben Regeln,
mag auch die verwendete Sprache jeweils eine andere sein. Dies liegt an
der universellen Funktion von Verträgen als gewillkürte Gesetze zwischen den Parteien[7], die dazu dienen, Bindungen zu erzeugen, Risiken
zu verteilen, Krisen zu verhindern und – wenn sie sich nicht vermeiden
lassen – diese in einem geordneten Verfahren zu lösen. Unabhängig von
der verwendeten Landessprache und der bereits damit zusammenhängenden Unsicherheit des Verständnisses[8] darf der Vertragstext danach
keinen Raum für Undeutlichkeiten lassen, um im Gesamtkontext des
Vertrags und seiner rechtlichen Rahmenbedingungen zu bestehen.

---

1 *Lichtenberg*, S. 91.
2 *Heussen*, Handbuch, Teil 1 Rz. 4.
3 Vgl. Rz. 135 f.
4 *Heussen*, Handbuch, Teil 2, Rz. 221 f.; ausf. zum Vertragsdesign ibid.,
   Rz. 211 ff.
5 *Heussen*, Handbuch, Teil 1 Rz. 60.
6 Siehe Rz. 85 ff.
7 *Heussen*, Handbuch, Teil 1 Rz. 8, 60a.
8 *Triebel/Balthasar*, NJW 2004, 2189.

Angelsächsische Verträge berücksichtigen häufiger als deutsche Vereinbarungen die Regeln:

> Lieber definieren als prozessieren
> Lieber einfach als schwer

40 Uferloses hilft bei Verträgen nicht. Dies gilt sowohl bei der Vertragsverhandlung für den zeitlichen Rahmen wie bei der Vertragsgestaltung für den Inhalt. Wie oben angesprochen, besitzt das Englische zwar deutlich mehr Worte als das Deutsche; stilistische Schönheit eines Vertrags zeichnet sich jedoch nicht durch eine Vielzahl von Synonymen aus, sondern eine klare Struktur und einen deutlichen Inhalt der vereinbarten Regelungen. Für Letzteres gilt sowohl für deutsche wie für englische Verträge:

> Ein Begriff – ein Wort (mit klarer Bedeutung)
> Vermeidung von Undeutlichkeiten und *false friends*
> Vermeidung direkter Rede und geschlechtsspezifischer Worte
> Korrekte Interpunktion
> Nutzung starker, aktiver Verben

a) Ein Begriff – ein Wort

41 Nur eine Einheitlichkeit der Begriffe stellt sicher, dass ein Regelungspunkt auch identische Bedeutung besitzt. Dies gilt für eine Vertragsgestaltung im Deutschen[1] wie im Englischen[2] und setzt zum einen voraus, auf Doppeldeutigkeiten zu verzichten, zum anderen, ein- und denselben Sachverhalt stets auch identisch zu bezeichnen. Andernfalls besteht bei der (wörtlichen) Auslegung der Begriffe die Gefahr, dass ihnen jeweils unterschiedliche Bedeutungen beigemessen werden, was der ursprünglichen Zielsetzung der Parteien nicht gerecht werden kann[3]. Da Ausgangspunkt des Auslegungskanons im Deutschen ebenfalls die grammatische Interpretation ist, sollte auch bei deutschen Verträgen Sorgfalt auf diesen Punkt gelegt werden. Diese Vorsicht ist bei auf Englisch abgefassten Vereinbarungen in noch größerem Maß erforderlich. Angesichts der Vielzahl von Synonymen in der britischen Sprache mag man versucht sein, Wiederholungen zu vermeiden und einen Begriff durch einen anderen zu substituieren; dies öffnet im Rahmen der Vertragsgestaltung jedoch das Tor zu einer von den Parteien nicht intendierten Interpretation und damit Unschärfe der Regelungen einer Vereinbarung, zumal die wörtliche Auslegung hier das Mittel der Wahl ist.

---

1 *Heussen*, Handbuch, Teil 2 Rz. 298.
2 *Daigneault*, S. 32.
3 *Daigneault*, S. 32; *Heussen*, Handbuch, Teil 2 Rz. 298.

Die Einheitlichkeit beginnt im Englischen bereits bei der Wahl der   **42**
Rechtschreibung[1]. Der Verfasser muss sich entscheiden, ob er der britischen oder US-amerikanischen Schreibweise folgt (wenn es nicht bereits
das Word-Programm zugunsten des US-Amerikanischen löst), denn Begriffe können in diesen Rechtsordnungen jeweils eine andere Bedeutung
besitzen:

The American asks for the check and pays with a bill while the British asks for
the bill and pays with a cheque.

Neben den Problemen, die beim Verhandeln durch die gleich ausgespro-
chenen Worte *check* und *cheque* entstehen können, hilft bei dem Wort
bill auch die schriftliche Fixierung nicht, wenn eine einheitliche
Schreibweise des Vertrags fehlt: denn je nachdem, ob die britische oder
die amerikanische Schreibweise favorisiert wird, kann *bill* für den vorliegenden Satz *Rechnung* oder *Geldschein* bedeuten[2]. Ohne eine klare Regelung hilft hier nur der Kontext, der bei einer Interpretation nach den
Grundsätzen des Common Law jedoch regelmäßig unberücksichtigt
bleibt[3].

Wird ein Vertrag in mehr als einer Sprache abgefasst, ist klarzustellen,
welche Version bei Abweichungen von einander vorgeht, so durch folgende Formulierung:

[The German version of this Agreement is for convenience only.] This Agree-
ment shall be binding exclusively in its English version.

b) Rechtsordnung und begriffliche Anknüpfung

Mit der Wahl der Sprache einer Vereinbarung ist freilich noch nichts be-   **43**
züglich der auf sie anwendbaren Rechtsordnung entschieden: denn die
Vertragssprache sagt für sich alleine nichts zu dem einem Vertrag unterstellten Recht aus[4]. Um nicht den Grundsätzen des Internationalen
Privatrechts ausgesetzt zu sein, tun die Parteien gut daran, die anwendbare Rechtsordnung ausdrücklich und genau festzulegen: Denn sowohl
Großbritannien wie die USA besitzen interlokales Recht, so dass ein
identischer Begriff nicht notwendig dasselbe innerhalb eines Hoheits-
gebietes bedeuten muss[5]. Auch ist im deutschen Rechtskreis zu beachten, dass das UN-Kaufrecht Teil des deutschen Rechts ist; wollen die
Parteien hierauf verzichten, müssen sie es bei Wahl deutschen Rechts
ausdrücklich ausschließen.

---

1 *Daigneault*, S. 23.
2 Im juristischen Sinne kann ein *bill* je nach dem verwendeten Kontext darüber hinaus die Bedeutung Gesetzesvorlage, Gesetz (von Verfassungsrang)
und (Lade-)Papier/Konnossement besitzen.
3 Vgl. etwa der Ausschluss der Präambel (auch) als Grundlage der Interpretation eines Vertrags.
4 Vgl. nur MüKo-BGB/*Spellenberg*, Art. 12 VO 593/2008 Rz. 36 m.w.N.
5 *Daigneault*, S. 25; *Kochinke* in Heussen, Handbuch, Teil 9.1 Rz. 22; *Triebel/Bal-*
thasar, NJW 2004, 2189 (2194); *Aden*, ZPR 2012, 50 (51).

44 Mitunter finden sich in Verträgen Klauseln, die das am Gerichtsstand des Beklagten anwendbare Recht als für die jeweilige Auseinandersetzung maßgeblich festlegen. Auch wenn dies einen Ausgleich widerstreitender Interessen und eine vermeintlich einfache Lösung eines Konfliktes bei den Verhandlungen darstellen kann, ist angesichts der damit verbundenen Unsicherheit von einer entsprechenden Vereinbarung abzuraten. Denn der Vertrag ist damit je nachdem, wer Kläger ist, unterschiedlichem Gerichtsstand und Vertragsstatut unterstellt, so dass sich die bei Abfassung scheinbar einfache im Streitfall als tatsächlich sehr unsichere und vor allem komplexe Lösung entpuppt. Insbesondere materielle Fragen von Gegenforderungen, Zurückbehaltungsrechten sowie prozessuale Themen der Widerklage und Vollstreckung werfen ohne eindeutige Regelung zwangsläufig Probleme in der Umsetzung auf[1].

45 Haben sich die Parteien terminologisch auf einen Begriff und eine Rechtsordnung geeinigt, so verbleibt zumindest bei der Wahl deutschen Rechts eine Unsicherheit: Denn der gewählte Begriff kann bereits im Common Law unterschiedliche Bedeutungen haben, jedenfalls jedoch eine andere Bedeutung als im deutschem Recht[2]. So kommt es zu Undeutlichkeiten, wenn etwa die Inhalte der Begriffe im deutschen Recht von denen des englischen Rechts abweichen[3]. Dies ist beispielsweise denkbar bei Verwendung des Begriffs *trust*, der nach deutschem Verständnis eine *Treuhand* bezeichnen, im englischen Recht jedoch als *Stiftung* ganz anders aufzufassen sein kann[4]. Im amerikanischen Englisch schließlich kann es *Kartell* bedeuten. Auch ist der *notary* nicht der Notar[5].

46 Gleiches gilt für die Diskussion, ob es sich bei der auf die vertretungsberechtigten Organe der Vertragsparteien bezogenen Klausel *each of them acting in their private capacity* lediglich um eine Eingangsfloskel oder aber um eine international übliche Form der auch persönlichen Haftung handelt[6]. Deutsche Vertragspartner können diese Frage nur unter Einschaltung ausländischer Rechtsanwälte klären; leichter kann es in diesem Fall sein, eine eindeutige und möglichst einfache Definition für die Auslegung von Begriffen vorzunehmen.

47 Eine auch im Deutschen gebräuchliche Haftungsbegrenzung der Parteien kann nach der Begrifflichkeit des einen Partners (und nach dem Verständnis deutschen Rechts z.B.) konkludent auch als Vertrag zu Guns-

---

1 *Döser*, JuS 2000, 663 (664 f.).
2 *Heussen*, Handbuch, Teil 1 Rz. 5; *Triebel/Balthasar*, NJW 2004, 2189; MüKo-BGB/*Spellenberg*, Art. 12 VO 593/2008 Rz. 36.
3 Vgl. Beispiele bei *Triebel/Balthasar*, NJW 2004, 2189; s.a. *Maier-Riemer*, NJW 2010, 254 und BGH, NJW 1987, 591.
4 MüKo-BGB/*Spellenberg*, Art. 12 VO 593/2008 Rz. 36.
5 *Döser*, JuS 2000, 246 (252).
6 Vgl. Sachverhalt in BGH, NJW 1987, 591, dargestellt bei *Armbrüster*, NJW 2011, 812, 815.

ten Dritter – etwa des eingeschalteten Subunternehmers – aufzufassen sein, wohingegen die Rechtsordnung des anderen Partners (nach dem Verständnis englischen Rechts) konkludente Haftungsfreizeichnungsklauseln zugunsten Dritter ablehnt[1]. Hier ist ohne ausdrückliche Definition bei Wahl deutschen materiellen Rechts nach §§ 133, 157 BGB zu ermitteln, welche Bedeutung die Parteien dem englischen Terminus geben wollten[2] – ein Ergebnis, das sich bei genauer Definition der Begrifflichkeiten vermeiden lässt. Kann danach bei zwei Parteien, die beide nicht in einem Staat des Common Law ansässig sind, der deutsche Begriff maßgeblich sein, so mag bei Sitz eines Partners im angelsächsischen Rechtskreis die Entscheidung anders zu treffen sein[3], wohingegen bei einer Anknüpfung ausschließlich an die Bundesrepublik die deutsche Begrifflichkeit und Rechtstradition anzuwenden sein wird[4].

Ebenfalls problematisch ist die Bezeichnung einer Vereinbarung als *arrangement*, was nach deutschem Recht eine übereinstimmende Vorgehensweise kraft bindenden Vertrags darstellen kann, im Case Law hingegen eine Vereinbarung, aus der die Parteien regelmäßig keine Leistung zu begehren vermögen[5]. Auch die *consideration*[6] birgt die Gefahr unterschiedlichen Verständnisses und damit potentiell konfliktträchtiger Situationen. Gleiches gilt für die bereits im angelsächsischen Raum nicht immer trennscharfen Begriffe der *representation, warranty* und *guarantee*[7], bei der eine nach deutschem Verständnis bestehende Gewährleistung der *guarantee* entsprechen kann, die dann aber in ihrer deutschen Übersetzung eine Garantie und damit regelmäßig ein deutlich über die Gewährleistung hinausgehendes Recht zu begründen vermag.

48

Um derartige, aus den unterschiedlichen Rechtstraditionen resultierenden Undeutlichkeiten zu entgehen, kommt in Betracht, jeweils den deutschen Begriff kursiv und in Klammern hinter das englische Wort zu schreiben[8]. So etwa durch *Warranty ("Gewährleistung")*[9]. Ein entsprechender Klammerzusatz erhöht jedoch nicht unbedingt die Lesbar-

49

---

1 Vgl. Fall des BGH NJW 1995, 2991 bei *Triebel/Balthasar*, NJW 2004, 2189 (2192 m.w.N. der englischen Rechtsprechung) und *Armbrüster*, NJW 2011, 812 (816).
2 MüKo-BGB/*Spellenberg*, Art. 12 VO 593/2008 Rz. 36.
3 Vgl. BGH, NJW 1987, 591; zu den interpretatorischen Ansätzen vgl. ausf. *Triebel/Balthasar*, NJW 2004, 2189 (2192 ff.).
4 So *Triebel/Balthasar*, NJW 2004, 2189 (2195).
5 *Glass*, S. 25; *Kösters*, NZG 1999, 623; *Schrey/Kugler*, S. 1; *Kochinke* in Heussen, Handbuch, Teil 9.1 Rz. 75.
6 Zur schwierigen Übersetzung als Gegenleistung *Glass*, S. 25; eine Übersetzung ganz ablehnend *Linhart*, S. 68.
7 Vgl. zur Differenzierung und mitunter mangelnden Trennung *Daigneault*, S. 88 f.
8 *Elfring*, JuS-Beilage 2007, 3 (4); *Maier-Reimer*, NJW 2010, 2545 (2549 f.); *Triebel/Balthasar*, NJW 2004, 2189 (2196).
9 *Maier-Reimer*, NJW 2010, 2545 (2549 f.).

keit[1]. Auch kann ein solches Vorgehen zu Irritationen der nicht Deutsch sprechenden Vertragspartei führen, wenn sie über den Vertrag verteilt mit deutschen Begriffen konfrontiert ist, deren Bedeutung sie nicht kennt. Nachfragen lassen sich verringern, wenn die Parteien eine allgemeine Definition der Begriffe in den Vertrag aufnehmen. So können interpretatorische Hinweise oder Regelungen zur Rechtswahl vorsehen, dass bei Abweichungen der Begrifflichkeit das deutsche Verständnis maßgeblich sein soll; so etwa in:

This Agreement and any parts or words thereof shall be construed exclusively in accordance with German law. If the English legal meaning or interpretation differs from the German legal meaning or interpretation, the German legal meaning and interpretation shall prevail[2].

50 Ein allgemeiner Verweis oder ein Vertrauen auf die Übersetzung von Fachbegriffen auf der Webseite gesetze-im-internet.de/Teilliste_trans lations.html empfiehlt sich hier nicht, weil die Begriffe dort zum einen nicht amtlich übersetzt sind, zum anderen die Normen konstanten Veränderungen unterworfen sind, was bei einer dynamischen Verweisung auf diese Seite zu Unwägbarkeiten, bei Verweis auf die zum Zeitpunkt des Vertragsschlusses maßgeblichen Übersetzungen auf dieser Seite zu Beweisproblemen führt.

c) Vermeidung von allgemeinen Undeutlichkeiten

51 Darüber hinaus sind – wie im Deutschen – Undeutlichkeiten zu vermeiden, die sich bereits innerhalb einer anwendbaren Rechtsordnung und der interpretatorischen Grundlagen aus einer generischen Bezeichnung tatsächlich differenzierbarer Begriffe ergeben.

Days können Arbeits- oder Kalendertage sein, was für eine Fristberechnung erheblich ist. Darüber hinaus können sie auch als ein Zeitraum von 24 Stunden zu verstehen sein[3]. Besser ist daher, von *calendar days* oder *working/business days* zu sprechen[4] und bei unterschiedlichen Ländern, in denen die Vertragspartner ansässig sind, festzulegen, wann Feiertage, so genannte *bank holidays*[5], vorliegen. Zur Vereinfachung kann auf *days* im Hauptteil des Vertrags Bezug genommen werden, wenn eine Klausel zur Interpretation im und für den Vertrag festschreibt, was konkret unter *days* zu verstehen ist. Ebenfalls klar sollte sein, wann eine entsprechende Frist beginnt resp. abläuft[6].

---

1 *Walz*, Vorwort zur 1. Auflage.
2 Ähnlich *Triebel/Balthasar*, NJW 2004, 2189 (2196).
3 *Daigneault*, S. 41.
4 So auch *Daigneault*, S. 41.
5 Auch bezeichnet als: *days on which banks are closed*.
6 Siehe hierzu Rz. 128 ff.

Unglücklich ist, in einem auf Englisch abgefassten Vertrag ein Datum   52
als *5.9.2012* zu bezeichnen[1], denn danach lässt sich der Termin nicht
eindeutig bestimmen: Dies kann für Briten der 5. September 2012 oder
für US-Amerikaner der 9. Mai 2012 bedeuten. Besser ist in diesem Zusammenhang, in US-amerikanischen Verträgen z.B. von *September 5,
2012* und in britischen Verträgen von *5 September 2012* zu sprechen. *Year*
sollte dahingehend differenziert werden, ob es sich um das Kalender- oder
Vertragsjahr handelt. In übrigen Fällen längerer Fristen mag mitunter
empfehlenswert sein, auf Kalendermonate (und abermals den Beginn und
das Ende entsprechender Fristen) abzustellen.

Die Formulierung   53

the Parties executed this agreement

kann aussagen, dass die Parteien dieses Vertragswerk unterzeichnet
oder aber, dass sie es erfüllt haben. Sinnvollerweise ist in diesem Zusammenhang entweder von *signed* oder *performed* zu sprechen[2].

The Party performed according to the term of the agreement

kann sich aufgrund der Doppeldeutigkeit des Begriffes *term* auf die Dauer oder den Inhalt der Vereinbarung beziehen. Möchte man die Dauer
ausdrücken, so empfiehlt sich das Wort *duration*, soll es hingegen um
den Regelungsinhalt gehen, der Begriff *provision*[3]. *According to* kann entsprechend bedeuten; besser ist jedoch, *in accordance with* oder *pursuant
to* zu schreiben, denn dies bedeutet die Einhaltung von bestimmten Regeln oder Vorschriften[4]. Ebenfalls undeutlich ist der Begriff *ask*, das bit-
ten oder fragen bedeuten kann. Hier ist besser, in Verträgen von *request*
bzw. *inquire* zu sprechen.

Auch bei dem Wort *or* können Gefahren drohen, wenn die Parteien ei-   54
gentlich sicherstellen wollen, dass eine einheitliche Regelung sowohl
auf einzelne wie kollektive Sachverhalte anwendbar ist. So legt die Formulierung

pets or children are not allowed on the premise

nahe, dass entweder Haustiere oder Kinder keinen Zutritt zu einem Gelände erhalten, ein Kind mit beispielsweise einem Hund hingegen
schon[5]. Diese Auslegung ist angesichts der beschränkten Interpretati-
onswege, die auf Case Law gestützte Gerichte anwenden, nicht ausgeschlossen, mag auch nach Sinn und Zweck (und damit der nach deutscher Rechtstradition verfolgten teleologischen Auslegung) *a minori ad
maius* völlig klar sein, dass erst recht beide keinen Zutritt haben sollen.
Möchte man hingegen sicherstellen, dass sowohl einzeln wie zusam-

---

1 *Daigneault*, S. 25.
2 *Daigneault*, S. 26.
3 *Daigneault*, S. 26.
4 Siehe zum Unterschied *Henry/Pike*, S. 87.
5 Vgl. *Daigneault*, S. 26.

men Haustiere und Kinder das Gelände nicht betreten dürfen, so ist es besser, von *pets and/or children* zu sprechen.

55 Vorsicht ist auch bei dem Begriff *will* geboten. Dies kann sowohl Ausdruck zukünftigen wie nach dem Vertrag gebotenen Verhaltens sein. Bei klaren, im Vertrag niedergelegten Verpflichtungen sollte daher stattdessen *shall*[1] verwendet werden.

56 Schließlich kommt es wie überall auch bei der Vertragsgestaltung auf den jeweiligen Kontext an. Sieht man die Schildbeschriftung *no man allowed*, so wird der Begriff *man* je nach Ort des Schildes unterschiedlich zu interpretieren sein[2]. Befindet sich das Verbot vor einer Damentoilette, erfasst es vermutlich nur Männer, steht es hingegen vor einem Abgrund, dient es wahrscheinlich auch dem Schutz von Frauen. Mit dieser Erkenntnis ist aber ohne genaue Begrifflichkeit bzw. Wissen um den Kontext noch nichts gewonnen. Im ersten Fall ist es deshalb sinnvoll, von *no male person* zu sprechen, im zweiten von *no one*.

Manchmal hilft freilich auch der Kontext nicht weiter, wenn scheinbar *Hegel* die Feder führt: Nur Eingeweihte innerhalb des Pentagon werden wirklich wissen, ob die für den Kampf gegen Terror 2001 formulierte Strategie der *Operation Enduring Freedom* ein Adjektiv oder Gerund enthält. Fraglich ist danach zumindest grammatisch, ob das Engagement dem Ziel dauerhafter Freiheit dient; sprachlich denkbar und faktisch wohl ebenso richtig ist, dass die Menschen Freiheit aushalten müssen.

57 Zur Undeutlichkeit können auch häufig in Verträgen zu findenden Füllworte[3] führen wie:

> *aforementioned*
> *afroresaid*
> *hereby*
> *herein*
> *hereinafter*
> *hereinbefore*
> *hereof*
> *hereto*
> *hereunder*
> *herunto*
> *herewith*
> *said*

---

1 Siehe ausf. Rz. 93 ff.
2 Ein Gedanke, den ich *Ekkehart Stein* schulde, der nach seiner Aussage aber wohl auf *Simitis* zurückgeht, wobei leider unklar bleiben wird, welchen der beiden Juristen, ob *Kostas* oder *Spiros*.
3 Aufstellung nach *Daigneault*, S. 27.

> *such*
> *that*

Unklar ist hier das Objekt, auf das sich diese Worte jeweils beziehen. Besser ist es, genau zu zitieren, was die Parteien wollen. Also etwa *Subject to the provisions of Section 10 of this Agreement* statt *Subject to the provisons hereof.*

Eine Ausnahme kann nur dort in Betracht kommen, wo eine Handlung   **58** mit Unterzeichnung des Vertrags als abgeschlossen gilt, da – wie ausgeführt – dem Case Law die Trennung in ein schuldrechtliches Verpflichtungs- und ein dingliches Verfügungsgeschäft fremd ist und auch im deutschen Recht beides etwa bei der Einräumung von Nutzungsrechten zusammenfallen kann. In einem solchen Fall dient *hereby* der Klarstellung einer durch den Vertrag vollzogenen Handlung, so etwa in *Licensor hereby grants to Licensee the right to [...]*[1], ist aber auch bei diesem Sachverhalt nicht zwingend[2].

d) False Friends

False Friends sind Worte, die scheinbar eine gleich klingende Entsprechung im Deutschen haben, tatsächlich jedoch unterschiedliche Begriffe bezeichnen. Hier setzt der deutsche Verhandlungspartner nicht nur seine Glaubwürdigkeit als kompetentes Gegenüber auf's Spiel; er kann auch Begrifflichkeiten scheinbar festlegen, die sich im Streitfall als sinnlos erweisen – so etwa bei Fragen des Gerichtsstandes und Klagen auch am Sitz des Vertragspartners. Für die Vertragsgestaltung sind hier insbesondere folgende Worte relevant[3]:

Engl. Begiff	Falsch	Richtig
Actual	*aktuell*	*tatsächlich*
		Actual monies received:
		die tatsächlich erhaltenen Gelder
Become	*bekommen*	*werden*
Billion	*Billionen*	*Milliarden*
Caution	*Kaution*	*Vorsicht*
Chef	*Chef*	*Koch*
College	*Kollege*	*Hochschule*
Concern	*Konzern*	*Sorge*
Discretion	*Diskretion*	*Ermessen*

---

1 *Döser*, JuS 2000, 869 (870); *Schrey/Kugler*, S. 5.
2 *Schrey/Kugler*, S. 5.
3 Siehe für eine Auflistung weiterer Worte: www.englisch-hilfen.de/en/words/false_friends.htm.

Engl. Begiff	Falsch	Richtig
Eventually	*eventuell*	*schließlich, letztendlich* *Something will eventually happen:* Eintritt ist sicher, nur der Zeit- punkt unsicher
Fund	*Fund*	*Fonds*
Justice	*Justiz*	*Gerechtigkeit*
Lager	*Lager*	*(Lager-)Bier*
Minutes	*Minuten*	*Besprechungsprotokoll*
Notice	*Notiz*	*Mitteilung/Nachricht*
Objective	*objektiv*	*Ziel*
Paragraph	*Paragraf*	*(außerhalb von Verträgen):* *Abschnitt/Absatz*
Process	*(Gerichts-)Prozess*	*Ablauf, (technischer) Prozess*
Prospect	*Prospekt*	*Aussicht (in die Zukunft, nicht* *z.B. auf die Landschaft)*
Protocol	*Protokoll*	*Verhaltenskodex*
Quote	*Quote*	*Angebot, Zitat*
Receipt	*Rezept*	*Quittung*
Reclamation	*Reklamation*	*Rückforderung*
Stock	*Stock*	*(Lager-)Bestand/Aktie*
Warehouse	*Warenhaus*	*Lager*

Tagesordnungspunkte innerhalb eines Besprechungsprotokolls (*minutes*) sind *items*.

Fehlerhaft ist vor diesem Hintergrund die aus einem (von Deutschen vorgelegten) Vertrag stammende Formulierung

Contractor shall make sure that his staff does not use an e-mail account or internet access eventually granted by Undertaking for any other purpose than for the performance of this Agreement

in zweierlei Hinsicht: zum einen, weil hier erkennbar *eventuell* gemeint ist, zum anderen, weil *his* sich auf ein Neutrum – *Contractor* – bezieht.

60 Auch direkte Übersetzungen helfen manchmal nicht. Neben dem im Englischen nicht existenten Handy (richtig: *mobile (phone)/cellphone/cellular phone*) und Beamer (richtig: *projector*) ist die Muttergesellschaft nicht die *mother company*, sondern die geschlechtsneutrale *parent company*. Sie hat als ihren Sitz nicht den *seat*, sondern ihren (*principal*) *place of business* oder ihr *registered office*. *Headquarters* existieren nur im Plural. *Chair* kann neben (Lehr-)Stuhl als Verb auch den Vorsitz Innehaben, als Nomen Vorsitz bedeuten. *Paragraphs* bezeichnen an sich Abschnitte, im Kontext von Verträgen tragen sie jedoch regelmäßig die Bezeichnung (*sub-)sections*. Das Paragraphen-Zeichen selbst jedoch ist selten ge-

bräuchlich. Soweit der Vertrag deutschem Recht unterstellt ist, sollten die Parteien – wie oben dargestellt – festlegen, welche Bedeutung sie einem englischen Begriff zuweisen wollen – ob die deutsche oder englische[1].

e) Countable und non-countable

Sachlich lediglich nicht falsch zu formulieren, genügt nicht, um vom anderen Vertragspartner ernstgenommen zu werden. Auch grammatische Fehler können das Bild eines kompetenten Gegenübers (oder das Vertrauen in seine Wahl des Rechtsanwalts) ankratzen. Als potentielle Fehlerquellen sind dabei schnell die *countable* und *non-countable words* ausgemacht. Denn das Englische trennt in Worte, die etwas Zählbares beschreiben (*countable words*) und Begriffe, bei denen dies nach der englischen Sprache nicht möglich ist (*non-countable words*). Die Mehrzahl der Worte sind *countable*. *Non-countable words* gibt es nur im Singular (Ausnahme: *monies*), *countable words* auch im Plural. Für die Adjektive *mehr*, *weniger* und *viel* existieren unterschiedliche Worte, je nachdem, ob ein *countable* oder *non-countable word* vorliegt. 61

So ist z.B. *information* ein *non-countable noun*, weshalb es nur im Singular existiert. Ein Mehr an Information lässt sich durch *much*, ein Weniger durch *less* ausdrücken. *Countable nouns* werden hingegen durch *many* und *fewer* konkretisiert (*fewer passengers, many visitors*).

Achtung bei *document* (*countable noun* – Dokument) und *documentation* (*non-countable* – Dokumentation). Also:

many documents, but much documentation.

Amount findet nur bei *uncountable words* Anwendung, *number* nur bei *countable words*.

Für die Vertragsgestaltung relevant sind vor allem: 62

Countable	Non-countable
Verwendet zur Zählung	
number	*amount*
Verwendet als Adjektive	
many	*much*
few	*little*
fewer	*less*
Worte	
acres	*land*
room	*space*

---

1 Vgl. dazu Rz. 45 ff.

Countable	Non-countable
	information
	money (Achtung: Ausnahme:
	Gelder – monies)
document	*documentation*

f) Vermeidung direkter Rede und geschlechtsspezifischer Worte

63   Formulierungen, die zwischen den Geschlechtern trennen, sind zu vermeiden. Hierzu gehören etwa die Worte *she, he, his, her*; gleiches gilt für Worte wie *we, us, you* und *our*. Für die Pluralformen gilt dies jedoch ausnahmsweise nicht, wenn der Vertrag in Form eines Briefes abgefasst ist, etwa bei einem *engagement letter*, einem *letter of intent* oder einem *reliance letter*. Für den Singular gilt immer: In Wirtschaftsverträgen gibt es keine natürlichen Personen, die ein Geschlecht besitzen; die *company* ist ein Neutrum. Möchte man sich in Verträgen auf bestimmte Personen beziehen, so bietet sich an, den konkreten Begriff (zum Beispiel: *Licensor*, der aber ebenfalls geschlechtsneutral ist), eine geschlechtsneutrale Formulierung (zum Beispiel: *„spokesperson")* oder aber *it* zu verwenden. Letzteres ist jedoch nur dann zu empfehlen, wenn aus dem Kontext klar erkennbar ist, worauf sich *it* bezieht, da angesichts des identischen Geschlechts sämtlicher Beteiligter (Neutrum) andernfalls Missverständnisse entstehen können. Darüber hinaus ist zu beachten, dass ein Unternehmen stets in der Einzahl bezeichnet und nicht direkt angesprochen wird.

g) Punkt und Komma

64   Historisch fassten Briten Verträge ohne Punkt und Komma ab[1]. Zum einen bestand bei handschriftlich geschriebenen Verträgen die Gefahr, dass nach Unterzeichnung eine Einfügung von Punkten und Kommata eine Änderung des Sinns bewirkten[2]; zum anderen könnte es in der Tradition antiker Schriften begründet sein, die teilweise sogar ohne Abstände zwischen den Worten, jedenfalls jedoch ebenfalls ohne Interpunktion auskamen.

Allerdings werden – wie im Deutschen – Schlangensätze unlesbar, zumindest unverständlich. Dies gilt insbesondere, wenn sie jeweils durch Definitionen ergänzt werden oder zu ergänzen sind. Ziel guter Vertragsgestaltung ist danach, jeden Gedanken in jeweils einen Satz zu fassen, um die Lesbarkeit und Verständlichkeit der jeweils einzugehenden Verpflichtungen zu erhöhen, auch wenn sich dies für manche Sachverhalte resp. Definitionen nicht immer erreichen lässt. Hier helfen in englisch-

---

1 *Daigneault*, S. 113 m.w.N. in Fn. 93, 14.
2 *Daigneault*, S. 113.

sprachigen Verträgen häufig verwendete Gliederungspunkte auch innerhalb eines Satzes (so etwa (i).(A).)[1].

Die Interpunktion im Englischen, insbesondere bei Fragen der Kommasetzung, ist extrem kompliziert und weist zahlreiche Ausnahmen auf, die Nichtmuttersprachler kaum durchdringen können[2]. Für die Kommasetzung im Englischen gilt insbesondere für Nichtmuttersprachler noch heute als Grundsatz: 65

When in doubt, do without.

Hierbei ist jedoch stets zu prüfen, ob ein (weggelassenes) Komma den Sinn entstellt, wie etwa die Nahrungsaufnahme eines Cowboys im Saloon respektive eines Pandabären in der Natur zeigt:

Eats, shoots and leaves[3]

oder

Eats shoots and leaves[4].

Gleiches gilt selbstverständlich auch im Deutschen, wo ein Komma den Altruisten vom Egoisten trennen kann:

Der Gute denkt an sich selbst zuletzt

im Gegensatz zu

Der Gute denkt an sich, selbst zuletzt.

Trivial mag der Unterschied zwischen Punkt und Komma scheinen, doch können hier Welten liegen: So sind im Englischen *£ 2,000* zweitausend Pfund, *£ 2.000* hingegen zwei Pfund mit einer Genauigkeit von drei Stellen hinter dem Komma, was den einen Vertragspartner freuen, den anderen hingegen ärgern kann. Auch sollte – wie im Deutschen – klargestellt sein, welche Währung tatsächlich gemeint ist, da etwa Pesos, Kronen, Dollar und Pfund bekanntlich in mehr als jeweils einem Land Zahlungsmittel sind – allerdings mit unterschiedlichen Werten. Wer *billion* und *Billion* gleichsetzt, hat sich um den Faktor 1000 und damit mehr als nur ein bisschen vertan. Der Punkt hat im Englischen verschiedene Namen: *point* bei Zahlen, *dot* bei Internetadressen und *full stop* oder *period* am Ende eines Satzes. Auch ein apodiktisches *Basta* im Deutschen wird im Englischen als *period* bezeichnet.   66

Die Silbentrennung folgt im Englischen für Ausländer ebenfalls nicht nachvollziehbaren Regeln, die nichts mit der im Deutschen verwende-   67

---

1 Vgl. Beispiel einer Definition in Rz. 71 oder einer Optionsklausel in Rz. 173.

2 Vgl. ausführl. *Truss*, Eats, Shoots & Leaves – The Zero Tolerance Approach to Punctuation, 2003. Ironie dabei, dass das (von einem Dritten verfasste) Vorwort in der Erstauflage wohl seinerseits Interpunktionsfehler aufwies.

3 Isst, schießt und geht.

4 Isst Sprossen und Blätter; *Truss*, Eats, Shoots & Leaves – The Zero Tolerance Approach to Punctuation, 2003.

ten Trennung von Worten zu tun haben. Auch hier ist zu empfehlen, auf eine Silbentrennung englischer Worte zu verzichten, soweit man nicht auf das Textverarbeitungsprogramm vertraut, dessen Ergebnisse allerdings ein Deutscher regelmäßig nicht auf seine Richtigkeit hin verifizieren kann.

h) Verwendung starker, aktiver Verben

68 Schließlich sind wie im Deutschen auch im Englischen schwache Verben, insbesondere in Kombination mit Nominal- und Passivkonstruktionen, zu vermeiden – so etwa bei *has, have, is, are, make, do, give*[1].

Deutlicher und einfacher ist die konkrete Beschreibung eines Verhaltens, so etwa:

Take into consideration	*to consider*
Be influential on	*to influence*
To make an argument	*to argue*
Makes a decision	*decides*
Gives permit to	*permits*

Passivkonstruktionen sind üblicherweise länger, schwerer zu verstehen und häufig undeutlicher als die Verwendung aktiver Verben und weichen von der üblichen Satzkonstruktion im Englischen ab[2], so dass sie meist entbehrlich sind.

g) Empfehlung und Befehl

69 Von der Regel, wonach ein Verb im Englischen, das sich auf eine dritte Person im Singular bezieht, stets ein *s* nach sich zieht, gibt es Ausnahmen bei Verben des Empfehlens und Befehlens, denn dort kann das Verb nicht einen Indikativ – wie bei Verwendung des Zusatzes *that* – sondern einen Konjunktiv nach sich ziehen, dem im Englischen in der dritten Person Singular kein „s" folgt. Für die Korrespondenz relevant sind die folgenden Worte:

> *to advise (that)*
> *to ask (that)*
> *to command (that)*
> *to demand (that)*
> *to desire (that)*
> *to insist (that)*
> *to order (that)* [im Sinne eines Befehls, nicht einer Bestellung]
> *to propose (that)*

---

1 Vgl. ausf. Aufstellung bei *Daigneault*, S. 21.
2 *Schrey/Kugler*, S. 2.

> *to recommend (that)*
> *to request (that)*
> *to suggest (that)*
> *to urge (that)*

Es heißt danach bei einem Vorschlag

We suggest he consult a lawyer.

Oder

We suggest that he consults a lawyer.

2. Groß- und Kleinschreibung

Bekanntermaßen sind von wenigen Ausnahmen abgesehen Worte im 70
Englischen klein geschrieben, soweit sie nicht am Anfang eines Abschnittes oder nach einem Punkt stehen. Nachfolgende Ausnahmen sind
jedoch bei der Vertragsgestaltung im Englischen zu berücksichtigen.

a) Definitionen

Definitionen begrenzen den Anwendungsbereich von Regelungen und
damit Rechten und Pflichten; sie erst ermöglichen eine klare Regelung
und stellen eine Ausnahme von dem Grundsatz dar, wonach auch Nomen klein zu schreiben sind. Weil der wörtliche Sinn eines Begriffes in
englischen Vereinbarungen essentielle Bedeutung hat, finden sich insbesondere in US-amerikanischen Verträgen zahlreiche Definitionen, die
dem eigentlichen Haupttext vorangestellt sind. Darüber hinaus definieren die Vertragsparteien regelmäßig weitere, sich im Kontext der Vereinbarung ergebende Begriffe innerhalb des Flusstextes, die mitunter
zusätzlich unterstrichen werden. Dies erfordert, von einer Stelle des
Vertrags an eine andere zu springen, um den vollen Sinn der jeweiligen
Regelung zu erfassen. Ein großer Anfangsbuchstabe oder – die Lesbarkeit
nicht fördernd – völlige Großbuchstaben machen einen definierten Begriff kenntlich[1]. Für die Bezeichnung von Personen sind *Parties* danach
die Vertragsparteien, *parties* hingegen Dritte, die gerade nicht Partei ge-
worden sind, wenn der Vertrag die Parteien als *Party/Parties* definiert hat.
Die Formulierung von Definitionen erfordert große Sorgfalt, da hierin gemachte Fehler damit eine „Hebelwirkung" für den gesamten Vertrag haben[2].

---

[1] *Kochinke* in Heussen, Handbuch, Teil 9.1 Rz. 55 f. Da das Deutsche Nomen
und Namen ohnehin groß schreibt, bietet sich in auf Deutsch abgefassten
Verträgen an, einmal definierte Begriffe *kursiv*, in Kapitälchen oder – abermals
auf Kosten der Lesbarkeit – durchgängig groß zu schreiben. Weil auch im
deutschen Recht Ausgangspunkt einer Interpretation die sprachliche Auslegung ist, sollten auch deutsche Verträge hinreichende Klarheit der Begrifflichkeit schaffen.

[2] *Döser*, JuS 2000, 456 (457).

71 Eine Definition beginnt regelmäßig mit *means* oder *shall mean*, gefolgt von einer Aufzählung hierunter fallender und ggf. nicht erfasster Elemente, teilweise beschrieben durch *including without limitation* und *but excluding*[1] und mitunter auch in der Klausel selbst enthaltenen weiteren Definitionen, so z.B.:

"Intellectual Property" means: (i) Patent Rights; (ii) trademarks, service marks, trade names, brand names, certification marks, designs, logos and slogans, commercial symbols, business name registrations, domain names, trade dress and other indications of origin and general intangibles of like nature, the goodwill associated with the foregoing, and registrations in any domestic or foreign jurisdiction of, and applications in any such jurisdiction to register, the foregoing, including without limitation any extension, modification, or renewal of any such registration or application; (iii) research and development data, formulae, ideas, know-how, research, analysis, experiments, proprietary processes and procedures, algorithms, models and methodologies, technical information, technologies, techniques, innovations, creations, concepts, designs, industrial designs, procedures, trade secrets and confidential information, and rights in any domestic or foreign jurisdiction to limit the use or disclosure thereof by any person; (iv) writings and other works of authorship of any type (including without limitation patterns, drawings, data, the content contained on any web site), whether copyrightable or not, in any such jurisdiction, and any copyrights and moral rights therein ("Copyrights"); (v) computer software (whether in source code or object code form), databases, compilations, and data; and (vi) registrations or applications for registration of copyrights in any domestic or foreign jurisdiction, and any renewals or extensions thereof; and (vii) any similar intellectual property or proprietary rights.

72 Vorsicht geboten ist danach bei Worten mit Großbuchstaben. Stößt man im Vertrag auf entsprechende Worte, ist die Definition zu suchen und wie bei einer Gleichung bei dem entsprechenden Begriff einzusetzen, um ein vollständiges Verständnis davon zu erhalten, worum es sich bei dem verwendeten Terminus konkret handelt. Bei dem vorstehenden Beispiel ist in der Vereinbarung danach die Definition der *Patent Rights* zu suchen und bei (i) einzusetzen. Wo im Vertrag der Begriff der *Copyrights* vorkommt, ist die unter (iv) genannte Definition zu verwenden. Besser ist, die Definition von *Copyrights* gesondert vorzunehmen. Die um *Patent Rights* ergänzte Definition des gesamten vorstehenden Abschnittes ist dort hinzuzufügen, wo der Begriff *Intellectual Property* im weiteren Vertrag Verwendung findet.

73 Bei Definitionen zeigt sich auch, dass kraft stärkerer Regelungsdichte im Civil Law weniger zu definieren ist als im Common Law: Was im deutschen Recht nach § 17 Abs. 2 AktG vermutet und durch §§ 15–19 AktG konkretisiert wird, muss ein nicht deutschem Recht unterstellter

---

1 *Daigneault*, S. 64.

Vertrag für die gesellschaftsrechtlichen Verbindungen von Unternehmen zu einander und deren Beherrschung definieren. So in:

"Affiliate" shall mean in relation to any Party any company, corporation or other legal entity (hereinafter in this definition referred to as an "Entity") which directly or indirectly: (a) is controlled by such Party; or (b) controls such Party; or (c) is controlled by an Entity which directly or indirectly controls such Party. For the purposes of this definition (i) an Entity is directly controlled by another Entity if such other Entity holds shares, quotas or voting rights carrying in the aggregate fifty per cent (50 %) or more of the votes exercisable at shareholder meetings, and (ii) a particular Entity is indirectly controlled by an Entity or Entities, hereinafter called the "Parent Entity", if a series of Entities can be specified beginning with the Parent Entity or Parent Entities and ending with the particular Entity, so related that each Entity of the series, except the Parent Entity or Parent Entities, is directly controlled by one or more of the Entities earlier in the series.

Wer es ganz genau nehmen möchte, kann auch auf die Definition der Europäischen Kommission für verbundene Unternehmen[1] zurückgreifen, die alles abdeckt: 74

'Connected undertakings' means:

(a) undertakings in which a party to the agreement, directly or indirectly:

    (i) has the power to exercise more than half the voting rights, or

    (ii) has the power to appoint more than half the members of the supervisory board, board of management or bodies legally representing the undertaking, or

    (iii) has the right to manage the undertaking's affairs;

(b) undertakings which directly or indirectly have, over a party to the agreement, the rights or powers listed in point (a)

(c) undertakings in which an undertaking referred to in point (b) has, directly or indirectly, the rights or powers listed in point (a);

(d) undertakings in which a party to the agreement together with one or more of the undertakings referred to in points (a), (b) or (c), or in which two or more of the latter undertakings, jointly have the rights or powers listed in point (a);

(e) undertakings in which the rights or the powers listed in point (a) are jointly held by:

    (i) parties to the agreement or their respective connected undertakings referred to in points (a) to (d), or

    (ii) one or more of the parties to the agreement or one or more of their connected undertakings referred to in points (a) to (d) and one or more third parties.

---

1 Vgl. etwa Art. 1 Nr. 2 VO 330/2010, ABl. EG 2010, L 102/1.

Für Definitionen gilt – wie bereits die wenigen die Formulierungen zeigen – leider häufig, dass die Regel, einen Gedanken in einen Satz zu fassen, an seine Grenzen stoßen bzw. der Inhalt eines Satzes gleichwohl schwer zu verstehen sein kann. Dies wiederum kann zu Divergenzen innerhalb des Vertrags führen[1].

75   Um – anders als in vorstehendem Beispiel[2] – Singular und Plural zu vermeiden (z.B. bei *Entity or Entities*) und damit einfacher zu formulieren, kann der Verfasser ausschließlich den Singular verwenden und in eine Klausel zur Interpretation[3] des Vertrags aufnehmen:

Whenever the context may require, any singular form of nouns and pronouns shall include the plural, and vice versa.

b) Feststehende Begriffe und Worte

76   Von der Regel, normalerweise sämtliche Worte im Englischen klein zu schreiben, gibt es weitere Ausnahmen. So werden Wochentage und Monate ebenso wie Namen von Personen und Ländern – letztere auch in Verwendung als Adjektive – sowie feststehende Begriffe stets mit großen Anfangsbuchstaben geschrieben:

Nobody expects the Spanish Inquisition[4] (on a Monday in December).

Gleiches gilt für manche Abkürzungen, so für Unternehmen (*Ltd.* und *Inc.*), Nummern (*No.*) und Akronyme mit bis zu 5 Buchstaben (z.B.: *EFSF*).

c) Beschränkung und Ausschluss

77   Schließlich stellen US-amerikanische Verträge Haftungs- und Gewährleistungsausschlüsse resp. deren Beschränkungen regelmäßig durchgängig in Großbuchstaben dar, um durch die so erzeugte Transparenz- und Warnfunktion ihre Wirksamkeit insoweit nicht zu gefährden[5].

3. Überschriften

78   Die Groß- und Kleinschreibung in Überschriften folgt nur beschränkt einheitlichen Regeln[6]. Einigkeit besteht darin, den Anfangsbuchstaben des ersten Wortes immer groß zu schreiben. Alle weiteren wichtigen Wörter werden ebenfalls mit einem großen Anfangsbuchstaben versehen. Hierbei handelt es sich regelmäßig um alle Substantive und nach Geschmack auch Adjektive und Adverbien, wenn diese nach Meinung der Parteien wichtig sind. Klein geschrieben werden hingegen regel-

---

1 *Heussen*, Handbuch, Teil 2 Rz. 299a.
2 Vgl. Rz. 73.
3 Eine ausführliche Klausel hierzu findet sich in Rz. 201.
4 *Monty Python*, Flying Circus.
5 Siehe hierzu die Beispiele in Rz. 149 und 159.
6 *Daigneault*, S. 116.

mäßig Worte wie etwa *is, are, by* und *of.* Ausdrücklich im Vertrag enthaltene Interpretationshinweise sehen im Übrigen häufig vor, dass Überschriften nicht zur Auslegung des Vertragsinhalts heranzuziehen sind, so dass es in diesem Fall auf eine Groß- und Kleinschreibung von Überschriften nicht ankommt.

Eine entsprechende Eingrenzung lautet dann zum Beispiel[1]:

The section headings used in this Agreement are inserted for convenience and identification only and are not to be used in any manner to interpret this Agreement.

Ohne eine entsprechende Klausel können sie jedoch Teil der Interpretationsgrundlage sein[2], so dass auf ihre Rechtschreibung Wert zu legen ist.

4. Normalschrift, Kursives und Fettdruck

Verträge auf Englisch sind – anders als die vorliegenden Beispiele – in Normalschrift abgefasst. Fettdruck (*bold type*) kommt bei Überschriften und der erstmaligen Definition eines Wortes in Klammern in Betracht. Worte aus anderen Sprachen als dem Englischen werden in Verträgen kursiv (*in italics*) geschrieben, so etwa für *mutatis mutandis (gilt entsprechend)* oder *in toto/in parte (ganz/teilweise)*. Wie oben ausgeführt, kann es sinnvoll sein, Begriffe, die die Parteien gern klar der deutschen Terminologie und damit eindeutig einzelnen Regelungen des BGB unterstellen wollen, in Klammern mit ihren deutschen Worten zu definieren. Auch dies erfolgt in Kursivschrift, so etwa für *vicarious agent (Erfüllungsgehilfe)*. 79

5. Abkürzungen

In Korrespondenz mit englischsprechenden Partnern oder Verträgen finden sich darüber hinaus unter anderem folgende Abkürzungen[3]: 80

asap	*as soon as possible*	*unverzüglich* (im E-Mailverkehr, nicht Vertrag)
bn	*billion*	*Milliarden*
cob	*close of business*	*Geschäftsschluss* (im E-Mailverkehr, nicht Vertrag)
d.b.a.	*doing business as*	*unter (...) firmierend*
e.g.	*exempli gratia*	*zum Beispiel*

---

1 Vgl. ausf. Rz. 201.
2 *Döser,* JuS 2000, 456 (457).
3 Teilweise auch bei *Henry/Pike,* S. 219 und *Linhart,* S. 15; für weitere, überwiegend für die wissenschaftliche Arbeit erforderliche Abkürzungen *Henry/Pike,* ibid. (ebenfalls als Abkürzung (als) ebendort enthalten).

et al.	et alteri	und weitere
et seq.	et sequi	fortfolgende (ff.)
i.e.	id est	das bedeutet/heißt
m	million	Millionen
re	regarding	bezüglich
v./vs.	versus	gegen
w.e.f.	with effect from	mit Wirkung vom

6. Webseiten

81 Wie ein Blick ins Gesetz die Rechtsfindung erleichtert, so können auch Webseiten helfen, Klarheit zu einzelnen Fragen zu schaffen. Nachfolgend eine Auswahl. Die jeweilige URL ist dabei stets klein geschrieben.

Die gängigsten deutschen Vorschriften auf Englisch finden sich auf:

> gesetze-im-internet.de/Teilliste_translations.html

Dies ist hilfreich, wenn man gewisse Termini in Englisch sucht. Allerdings handelt es sich hierbei nicht um eine amtliche Übersetzung, die zusätzlich regelmäßigen Änderungen unterworfen ist und keine einheitlichen Qualitätsstandards in ihrer Übersetzung besitzt.

Ein für deutsche Anwälte den US-Rechtskreis erklärende und neuere Entwicklungen in diesem Rechtsgebiet darstellende Website ist:

> anwalt.us

Klassische Wörterbuch-Seiten, die einen Einstieg ermöglichen, sind:

> dict.cc

> leo.org

> ldoceonline.com

Hat man danach ein Wort in seiner Bedeutung gefunden, so lässt sich seine Verwendung anhand von

> linguee.de/linguee.com

nachvollziehen. Diese Seite ist besonders hervorzuheben und zu empfehlen, weil sie mehr als nur ein elektronisches Wörterbuch ist. Sie stellt den gesuchten Begriff in seiner Stellung innerhalb eines Dokumentes nebst entsprechender Übersetzung dar. Dieses Dokument wiederum, in dem sich das deutsche und englische Wort findet, ist anderen Internetseiten entnommen. linguee ist hilfreich, um kontextuell den Sinn eines Wortes und seiner unterschiedlichen Verwendung zu erfassen. Die jeweils angegebene Übersetzung ist nur so gut wie die Vorleistung der bisherigen Übersetzer der eingestellten Dokumente. Es ist also ein gewisses Augenmaß erforderlich; insbesondere zu empfehlen sind jedoch Übersetzungen von Dokumenten der Europäischen Kommission, da diese aufgrund ihrer quasi-legatorischen oder tatsächlich gesetzgeberischen Funktion und der Qualität ihres juristischen Dienstes ein großes Maß an Sicherheit für die Übersetzung von Begriffen bietet. Allerdings ist auch hier zu beachten, dass die Übersetzung eines Begriffs ins Deutsche und die daraus resultierende rechtliche Bedeutung nicht notwendig identisch mit der Englischen oder einer anderen Rechtsordnung des Common Law sein muss[1].

Synonyma finden sich[2] unter

› wordnet.princeton.edu

Um rein stilistischer Fragen zu klären, kommen folgende Webseiten in Betracht:

› dailywritingtips.com

› english-for-students.com

› englisch-hilfen.de

---

1 Siehe hierzu Rz. 45 ff.
2 Gefunden bei *Henry/Pike*, S. 22; das ebenfalls dort angeführte nat-corp.ox.ac.uk ist kostenpflichtig; zu weiteren Websites siehe *Linhart*, S. 210.

Kapitel 3
Gliederung von Verträgen

Die wahre Bedeutung eines Wortes in unserer Muttersprache zu verstehen, bringen wir gewiss oft viele Jahre hin. Ich verstehe auch zugleich hiermit die Bedeutungen, die ihm der Ton geben kann. Der Verstand eines Wortes wird uns, um mich mathematisch auszudrücken, durch eine Formel gegeben, worin der Ton die veränderliche und das Wort die beständige Größe ist. Hier eröffnet sich ein Weg, die Sprache unendlich zu bereichern, ohne die Worte zu vermehren.[1]

1. Sechserraster deutschen Vertragsdesigns

Eine Vereinbarung muss hinreichend statisch sein, um Planungssicher- 82
heit zu schaffen, bedarf aber ausreichender Dynamik, um Beweglichkeit
in der vertraglichen Durchführung zu erzeugen[2]. Gleichzeitig ist sicherzustellen, dass jeder wesentliche Punkt nur einmal und nicht mehrmals
und damit potentiell widersprüchlich behandelt wird. Hinsichtlich der
Struktur eines Vertrags gilt die Regel:

› Lieber einmal als mehrmals

Sinnvollerweise ist eine Frage thematisch stets an lediglich einer Stelle
innerhalb des Vertrags zu regeln. Dazu dient eine modulare Vertragsgestaltung, die es ermöglicht, auch komplexe Sachverhalte in übersicht-
liche, weil strukturierte Verträge zu fassen. Soweit die Parteien zusammenhängende Punkte oder ein und dieselbe Frage an unterschiedlichen
Stellen behandeln, zeigen sich Divergenzen häufig erst in der Krise,
wenn die Parteien sehen, was sie eigentlich unterzeichnet haben. Bei
komplexen Vereinbarungen, die Ergebnis langwieriger Verhandlungen
sind und im Laufe der Vertragsverhandlung verändert wurden, kann den
Partnern entgehen, dass sie die jetzt behandelte Frage bereits an anderer
Stelle geregelt haben oder die vorgenommene Änderung Wirkung auf
andere Vertragsteile besitzt. Auch kann es zu Kräfteverschiebungen
zwischen den Parteien während der Vertragsverhandlungen kommen –
etwa weil die Zeit für eine Seite arbeitet – so dass eine später diskutier-
te Klausel anders als zuvor verhandelte Passagen formuliert wird. Eine
entsprechende Gefahr unklarer und damit potentiell widersprüchlicher
Kodifizierung lässt sich durch einen strukturierten Aufbau eines Vertrags verringern. Gleiches gilt etwa für ein Netz von allgemeinen Geschäftsbedingungen, die bei Widerspruch einzelner in ihnen enthaltener
Punkte zu anderen entsprechenden Dokumenten insoweit gegen das

---

1 *Lichtenberg*, S. 16.
2 *Heussen*, Handbuch, Teil 1 Rz. 29, 60; Teil 2 Rz. 303.

Transparenzgebot verstoßen und damit in dieser widersprüchlichen Klausel nichtig sind[1].

83 Für Verträge, die dem Austausch von Leistungen dienen, hat sich in Deutschland eine Gliederung unter sechs thematischen Blöcken als sinnvoll herausgestellt[2], die sich in vertragliche Grundlagen, Inhalt der Leistung, Sicherung der Leistung, Durchführung des Vertrags, Schlussbestimmungen und Anlagen gliedern lässt. Je nach konkretem Bedürfnis für die individuelle Situation können die Parteien innerhalb dieses Sechserrasters an festgelegten Stellen sämtliche relevanten Fragen fassen, insbesondere folgende Punkte:

> Vertragliche Grundlagen

Sie dienen der Nennung der Parteien, ihres Tätigkeitsbereichs und den von den Parteien mit dem Vertrag verfolgten Zielen. Hierunter fallen etwa:

> Name und Tätigkeitsgebiet der Parteien

> Präambel

> Begriffsdefinitionen

> Vertragsgegenstand

> Verhältnis zu anderen Regelungen

> Inhalt der Leistung

Die vertragscharakteristische Leistung und ihr folgend die (regelmäßig in Geld) bestehende Gegenleistung bilden neben Liefer- und Zahlungsbedingungen den zweiten Teil des Vertrags. Regelungsbedürftige Klauseln sind hier beispielsweise:

> Bedingungen

> Vertragscharakteristische Hauptleistung

> Vergütung

> Leistungsort und -zeit

> Anpassung von Leistung und Gegenleistung

> Optionen

> Sicherung der Leistung

Verträge können in die Krise geraten oder bedürfen zu ihrer erfolgreichen Durchführung gewisser Sicherungsinstrumente. Hierbei ist zu beachten, dass Druck die Neigung einer Partei, einen Vertrag zu erfüllen, regelmäßig erhöht, zu viel Druck jedoch diese Bereitschaft vernichtet. Dem Schutz der Parteien dienen etwa folgende Klauseln:

---

1 OLG München, BB 2012, 2336.
2 Grdl. *Heussen*, Handbuch, Teil 2 Rz. 263 ff.; ausführlich *Imbeck* in Heussen, Handbuch, Teil 3.

> Eigentumsvorbehalt
> Verzug
> Gewährleistung
> Haftung
> Freistellung
> Höhere Gewalt
> Abtretung und Aufrechnung
> Leistungen durch Dritte/Einschaltung Dritter
> Informationspflichten
> Wettbewerbsverbot
> Vertraulichkeitsverpflichtung

> Vertragsdurchführung

Während die vorstehenden Teile den Vertrag thematisch gliedern, kommt bei der Durchführung des Vertrags ein chronologisches Element hinzu. Hier ist an folgende Punkte zu denken:

> Beginn und Laufzeit
> Aufschiebende oder auflösende Bedingungen
> Kündigung
> Abwicklung des Vertragsverhältnisses
> Nachvertragliche Regelungen
> Fortgeltung von Regelungen
> Kompensationen

> Schlussbestimmungen

Den Abschluss des Hauptvertrags bilden allgemeine Klauseln wie

> Salvatorische Klausel
> Schriftform
> Interpretation
> Rechtswahl und Gerichtsstand/Schiedsgerichtsklausel

> Anlagen

Hier sind alle komplexeren Dinge – wie etwa die Definition der Leistung, weitere Vertragsdokumente oder Kalkulationsschemata – einzustellen, die zwar dasselbe Augenmerk wie die übrigen Punkte verdienen, jedoch bei Einfügung in den Hauptvertrag diesen überfrachten und unleserlich machen würden und technischer oder kaufmännischer Natur sein können.

Diese Gliederung erleichtert die Arbeit in und mit einem Vertrag. Da 84 an festgelegten Stellen stets ein und dieselbe Frage behandelt wird, verhindert diese Abschichtung einerseits, dass die Parteien Punkte doppelt (und damit potentiell widersprüchlich) regeln und erreicht andererseits als Checkliste, dass kein regelungsbedürftiger Aspekt unberücksichtigt bleibt. Gleichzeitig erleichtert es den Nutzenden die Arbeit mit Verträgen, da die Überarbeitung stets an derselben Stelle zu erfolgen hat resp. Regelungen, wenn deren Einhaltung einmal mit einem Blick auf den Vertrag überprüft und angepasst werden muss, an immer derselben Position innerhalb der Verträge stehen[1]. Dies ist insbesondere dann hilfreich, wenn der einzelne Vertrag Teil eines Vertragsgeflechtes gleichen Aufbaus ist.

2. Gliederung im Common Law

85   Die üblicherweise in Großbritannien und insbesondere den USA verwendete Struktur weicht hiervon ab. Gleichwohl bietet sich das Sechserraster an, wenn Verträge von der deutschen Seite abgefasst oder Vertragsentwürfe eines Partners verhandelt werden. So ist ein Vorgehen nach dem Sechserraster empfehlenswert, wenn es um die Abfassung von Verträgen mit angelsächsischen Partnern geht. Vertrautes Vertragsdesign hilft bei Verhandlungen. Neben einer klaren Gliederung ist den eigenen Zielen dienlich, die Regie bei Verhandeln und Abfassen eines Vertrags innezuhaben[2]: So lassen sich Klauseln leichter im eigenen Sinne festschreiben, als in Situationen, in denen an einem bereits bestehenden Entwurf der Gegenseite Änderungen vorgenommen werden müssen. Der mit einem Vertragsentwurf konfrontierte Partner muss das Bestehende nach seinen Vorstellungen umformulieren, was stets dazu führt, dass er dem anderen einzelne Punkte abringen muss. Dies wiederum macht eine Verhandlung für denjenigen, der den Vertrag entworfen hat, einfacher als für die Gegenseite[3]. Bei Vertragsentwürfen der anderen Seite, die nicht dem Sechserraster entsprechen, dient diese Gliederung als Checkliste, um festzustellen, ob alles, was zu regeln ist, auch in einer Vereinbarung enthalten ist.

86   In Common Law geprägten Ländern hat sich nachfolgende Gliederung von Verträgen durchgesetzt[4], die teilweise verschiedene Elemente des vorgenannten Schemas zusammenzieht:

> Opening Provisions
>> Date of Agreement
>> Name of Parties
>> Background („Whereas")

---

1 Vgl. ausführlich *Heussen* in Heussen, Handbuch, Teil 2 Rz. 273 f.
2 Ausf. zu Entwurfs- und Verhandlungsregie *Heussen* in Heussen, Handbuch, Teil 2 Rz. 200 ff.; 500 ff.
3 Vgl. ausführlich *Heussen* in Heussen, Handbuch, Teil 2 Rz. 1 ff.
4 Vgl. *Daigneault*, S. 58 ff., *Kochinke* in Heussen, Handbuch, Teil 9.1 Rz. 37 ff.; *Schreyl/Kugler*, S. 9 ff.

> › Context Recitals
> › Purpose Recitals
> › Simultaneous Transactions Recitals
› [Linking Provision – kann auch entfallen
> › Überleitung zum Hauptteil; meist ein Satz (*Now, therefore, it is hereby agreed:*)]
› Operative Provisions
> › Definitions[1]
> › Primary Provisions
>> › Effective Date[2]
>> › Commercial Provisions (Product and Payment)[3]
> › Secondary Provisions
>> › Representations and Warranties[4]
>> › Indemnification and Liability[5]
>> › Duration and Termination[6]
> › Tertiary Provisions[7]
>> › Notices[8]
>> › Written Form[9]
>> › Waiver[10]
>> › No Election of Remedies[11]
>> › Severability[12]
>> › Relationship of the Parties[13]
>> › Cost and Expenses[14]
>> › Force Majeure[15]
>> › Counterparts[16]

---

1 Rz. 70 ff.
2 Rz. 126.
3 Rz. 133 ff.
4 Rz. 143 ff.
5 Rz. 152 ff.
6 Rz. 176 ff.
7 Rz. 190 ff.
8 Rz. 188 f.
9 Rz. 192.
10 Rz. 193.
11 Rz. 194.
12 Rz. 195.
13 Rz. 196.
14 Rz. 197.
15 Rz. 198.
16 Rz. 199.

> › Benefits and Burdens[1]
> › Interpretation[2]
> › Choice of Law and Venue/Arbitration[3]
› Schedules
> › Annexes and Appendices
> › Exhibits

3. Unterschiede und Gemeinsamkeiten

87 Nimmt man einen Vergleich zwischen den hier beschriebenen deutschen und angelsächsischen Schemata vor, so zeigt sich, dass die *Opening Provisions* in der Gliederung im Wesentlichen den vertraglichen Grundlagen entsprechen. Ein erheblicher Unterschied besteht jedoch, wie bereits oben ausgeführt, in der Interpretation der darin enthaltenen Klauseln: Während die *Vertraglichen Grundlagen* im deutschen Recht in den Vertrag einbezogen sind und deshalb als Teil von ihm für die Interpretation des Vertragsinhalts dienen können, dienen die *Opening Provisions* im Common Law lediglich der allgemeinen Vorrede und sind – soweit nicht ausdrücklich etwas anderes im Vertrag niedergelegt ist – nicht bei der Beurteilung der Rechte und Pflichten, von konkludenten Gewährleistungen wie der Auslegung des Vertrags allgemein heranzuziehen[4]. Sie können sich differenzieren in die Hintergründe des Vertragsschlusses (*context recitals*) also etwa zur Historie der Parteien und des Vertragsschlusses, den von den Parteien mit dem Vertragsschluss verfolgten Zweck (*purpose recitals*) und die gleichzeitig mit dem Vertragsschluss eventuell ebenfalls unterzeichneten Dokumente oder von den Parteien vorzunehmenden Handlungen beschreiben (*simultaneous transactions recitals*)[5].

88 Die *Operative Provisions* beginnen mit den bereits angesprochenen Definitionen und ziehen den einklagbaren Inhalt der Leistung (*Primary Provisions*) und Sicherung der Leistung (*Secondary and Tertiary Provisions*) zusammen. *Secondary Provisions* finden sich im Sechserraster teilweise auch in Regelungen zur Durchführung des Vertrags. *Tertiary Provisions* schließlich sind nach dem deutschen Schema überwiegend als Schlussbestimmungen zu begreifen. Die *Schedules* – auch als *Annexes* oder *Appendices* bezeichnet – entsprechen den deutschen Anlagen. Im Gegensatz hierzu handelt es sich bei einem *Exhibit* um ein Dokument, auf das im Vertrag Bezug genommen wird, das aber aufgrund seiner Komplexi-

---

1 Rz. 200.
2 Rz. 201.
3 Rz. 203 ff.
4 *Daigneault*, S. 61.
5 Siehe im Einzelnen hierzu *Schrey/Kugler*, S. 11 f.

Kapitel 4
Allgemeine Formulierungen in der Vertragsgestaltung

Ein guter Ausdruck ist so viel wert als ein guter Gedanke, weil es fast unmöglich ist, sich gut auszudrücken, ohne das Ausgedrückte von einer guten Seite zu zeigen.[1]

Der folgende Teil dient der Einführung in einzelne, für eine Vertrags- **92** gestaltung besonders relevante Begriffe, um damit deutschen Vertrags- partnern Chancen und Risiken bei der Vertragsgestaltung vor Augen zu führen.

1. Verpflichtung und Berechtigung

Auch im Deutschen mag mitunter unklar sein, ob *kann nicht* als Verbot **93** aufzufassen ist und ob dies für *soll nicht* und *darf nicht* ebenfalls gilt[2]. Ei- ne vergleichbare Unschärfe wenn nicht sogar völlig andere Bedeutung als gewollt kann die Wahl eines unzutreffenden Wortes im Englischen auslösen: *Shall* in der englischen Vertragsterminologie bedeutet nicht *soll*, wonach Abweichungen von der Verpflichtung unter bestimmten Voraussetzungen möglich wären. Ein etwa dem deutschen Verwaltungs- recht vergleichbares gebundenes Ermessen drückt *shall* danach gerade nicht aus. Vielmehr handelt es sich um eine zwingende, bindende Ver- pflichtung zur Handlung und ist als *muss* zu verstehen. Die Negation *shall not* bedeutet *darf nicht* im Sinne einer fehlenden Berechtigung.

Shall ist deutlicher als *will*. Letzteres kann auch zukünftiges Verhalten **94** bedeuten, so dass zur Vermeidung von Unklarheiten bei einer Verpflich- tung *shall* Verwendung finden sollte[3]. Auf jeden Fall sind nicht beide für Verpflichtungen in einem Dokument synonym zu verwenden[4]. Um- gangssprachlich kann sich eine Verpflichtung auch aus dem Wort *must* ergeben. Dieses Verb sollte jedoch der Umgangssprache vorbehalten bleiben und ist in Verträgen – ebenso wie *can* oder *cannot* und das Verbot eines *must not* – zu vermeiden[5].

Should (sollte) ist als Formulierung für eine Verpflichtung verwirrend, **95** da es dem deutschen Konjunktiv entspricht, damit auch als Irrealis auf-

---

1 *Lichtenberg*, S. 103.
2 Vgl. dazu MüKo-BGB/*Armbrüster*, § 134 Rz. 43 ff. m.w.N.
3 *Daigneault*, S. 22, der darüber hinaus als vorzugswürdig ansieht, statt beider *agrees to/is obligated to* zu verwenden.
4 *Daigneault*, S. 22.
5 *Daigneault*, S. 23; einschränkend *Schrey/Kugler*, S. 3 und *Maier-Reimer*, NJW 2010, 2545 (2547).

gefasst werden und folglich nicht zu Leistendes erfassen kann. Wenn überhaupt, so ist die Verwendung von *should* deshalb in Vereinbarungen nur dann zu empfehlen, wenn der Eintritt der Verpflichtung von einer aufschiebenden Bedingung abhängt (*Should these conditions be fullfilled, Seller shall ...*). Besser ist jedoch auch hier, auf *should* zu verzichten und zu schreiben: *If these conditions are fulfilled, Seller shall ...* In z.B. *Opinions* und *Reliance Letters* hingegen findet *should* regelmäßig Anwendung und stellt dort die stärkst mögliche Aussage dar, die Berater abzugeben bereit sind.

96 *May* ist als *kann* und damit der Entscheidung einer Vertragspartei unterliegende Regelung zu verstehen. *May not* bedeutet jedoch nicht *kann nicht*, sondern *darf nicht* im Sinne einer fehlenden Berechtigung, aber auch einer fehlenden Verpflichtung.

No party shall deliver bedeutet danach, dass keine Partei berechtigt ist, etwas zu liefern, *no party may deliver*, dass sie weder verpflichtet noch berechtigt ist, eine Leistung vorzunehmen[1]. Aufgrund der Wortbedeutung von *shall* ist der Satz *The Seller shall receive the payment* unzutreffend, da es nach dem Verständnis des Common Law prinzipiell keine Pflicht gibt, einen Vorteil zu erhalten – *shall* ist nicht *soll*. Zutreffend ist deshalb zu schreiben *The Seller is entitled to receive payment*[2]. Ebenfalls unpassend ist, von *shall be obliged* zu sprechen, da dies die Verpflichtung zu einer Pflicht statuiert und damit gleichermaßen pleonastisch wie sinnlos ist[3].

2. Ermessen

97 *Discretion* bezeichnet ein Ermessen des Berechtigten, das regelmäßig im Zusammenhang mit *may* Verwendung findet, da es ein Recht und keine Verpflichtung begründet. Diese Berechtigung lässt sich durch Formulierungen einschränken oder ausweiten. So etwa durch:

› *... in its sole and free discretion* (in eigenem und freiem Ermessen)

› *... to be exercised in good faith* (nach Treu und Glauben – also billig – ausgeübt)

› *... in its reasonable*[4] *discretion* (im billigen Ermessen[5])

› *... in its discretion, not to be withheld unreasonably* (in seinem Ermessen, das nicht unbillig verweigert werden darf)

---

1 Vgl. *Daigneault*, S. 23; *Maier-Reimer*, NJW 2010, 2545 (2547).
2 *Daigneault*, S. 23.
3 *Schrey/Kugler*, S. 4.
4 Allerdings ist angesichts des offenen Begriffs festzustellen, welches Verhalten angemessen ist, wollen die Parteien größere Rechtssicherheit erreichen; vgl. *Maier-Reimer*, NJW 2010, 2545 (2548).
5 Wie § 315 Abs. 1 BGB beim Leistungsbestimmungsrecht einer Partei vermutet.

Alternative Begriffe sind *elect* oder *judgement*. So in den Formulierungen:

> *If Purchaser so (freely) elects, ...*(falls der Käufer (frei) wählt)

> *... in its sound business judgement* (nach seiner vernünftigen unternehmerischen Entscheidung)

> *... in its free judgement* (in seiner freien Entscheidung)

Der Begriff *discretion* resp. *judgement* ist danach nützlich, um klare, eindeutige Verpflichtungen aufzuweichen. So läuft der Satz   98
Purchaser shall purchase the goods in minimum quantities of 10,000 pieces
weitgehend leer, wenn dem Käufer ein Ermessen eingeräumt wird:
Purchaser shall in its sole and free discretion purchase ...
Bei entsprechenden Einschränkungen einer bindenden Verpflichtung des anderen Vertragspartners ist damit Zurückhaltung angezeigt, soll ein Vertrag nicht zur Aufweichung bindender Verpflichtungen führen und einer langwierigen Diskussion, ob eine Entscheidung *reasonable* war, wenn die Parteien eine entsprechende Einschränkung des Ermessens überhaupt aufgenommen haben. Sie empfehlen sich nur dann, wenn es um weitergehende, bislang nach dem Vertrag einer Partei nicht zustehende Rechte geht – etwa die Einschaltung Dritter für die Erfüllung vertraglicher Pflichten einer Partei und einen Zustimmungsvorbehalt der anderen Partei hierzu[1].

Einen Sonderfall des Rechts einer Partei, einseitig den Vertrag zu verändern oder eine entsprechende Veränderung anzustoßen, stellt die Option dar. Sie ermöglicht es einem Vertragspartner, einen Vertragsschluss zu einem Leistungsgegenstand einseitig herbeizuführen (qualifizierte Option) oder zumindest Verhandlungen hierüber in Gang zu setzen (einfache Option)[2].   99

3. Bemühen

Ebenfalls nützlich (oder gefährlich), um die Verpflichtung einer Partei   100
aufzuweichen, sind Formulierungen, die *endeavours* (brit.) oder *efforts* (US-amerik.) beinhalten. Sie begründen nicht die Pflicht einer Partei, einen Erfolg herbeizuführen, sondern nur das Bemühen darum. Sinnvoll sind derartige weiche Pflichten, wenn es um den Eintritt eines Erfolges geht, der außerhalb der Einflusssphäre der Vertragspartei steht, sie also den Zustand selbst nicht herbeiführen kann, aber ohne eine entsprechende Einschränkung hierzu verpflichtet wäre. Dies gilt etwa, wenn Handlungen Dritter erforderlich sind, um das vom Vertrag verfolgte Ziel eintreten zu lassen; so etwa für behördliche Zustimmungen, die

---

1 Siehe hierzu Rz. 103.
2 Vgl. zur Differenzierung LG München, ZUM 2009, 294 (296) und Rz. 169 ff.

vor Eintritt eines Erfolges vorliegen müssen. Entsprechende Zustimmungen wiederum werden regelmäßig als aufschiebende Bedingungen zu qualifizieren sein, wie etwa bauordnungsrechtliche Genehmigungen oder Verwalterzustimmungen.

Entsprechende Formulierungen können dann lauten:

Seller shall use best endeavours/efforts to ...

Seller shall use ((all) commercially) reasonable/acceptable endeavours/efforts to ...

101 *Best endeavours* als Verpflichtung erfordert dabei ein größeres Bemühen als *reasonable endeavours*. Erstere erfassen auch wirtschaftlich nicht sinnvolle Maßnahmen, die der Verpflichtete zu unternehmen hat, um den angestrebten Zustand eintreten zu lassen. Sie beinhalten danach regelmäßig die Pflicht, alles in der Macht des Verpflichteten Stehende zu unternehmen, um den Erfolg eintreten zu lassen[1]. Dies kann im US-Recht bis an den Rand der Insolvenz des Verpflichteten gehen[2]. Die Formulierung *reasonable endeavours* hingegen beschreibt die Verpflichtung zu verhältnismäßigen, also wirtschaftlich sinnvollen Maßnahmen[3]. Hierbei ist zu beachten, dass das angloamerikanische Recht keine § 162 BGB entsprechende Regelung zur treuwidrigen Verhinderung (oder Herbeiführung) eines Bedingungseintritts kennt und deshalb eine spezielle Verpflichtung nebst entsprechender Schadenersatzansprüche aufzunehmen ist[4]. Um die Pflicht, sich um den Erfolg zu bemühen, zu konkretisieren, kann eine entsprechende Klausel darüber hinaus den Umfang der Mitwirkungspflichten genauer bezeichnen – so etwa die Herausgabe oder Ausfertigung bestimmter Unterlagen.

102 Das Gegenstück zum Bemühen ist eine unmittelbare und unbedingte Leistungsverpflichtung:

Seller shall obtain all necessary governmental permissions.

Obtaining all necessary governmental permission is an absolute obligation.

4. Zustimmungsvorbehalte

103 Zustimmungsvorbehalte geben einem Vertragspartner – ebenso wie im Bereich von Optionsrechten[5] – regelmäßig eine starke Position, die Abwicklung einer Vereinbarung eigenverantwortlich und damit vor allem einseitig zu gestalten. Regelmäßig wird in diesem Zusammenhang eine vor entsprechenden Handlungen liegende Zustimmung vorausgesetzt (*pre-approval*). Zustimmungsvorgehalte haben damit üblicherweise den

---

1 *Daigneault*, S. 44.
2 *Maier-Reimer*, NJW 2010, 2545 (2547).
3 *Daigneault*, S. 44.
4 *Döser*, JuS 2000, 456 (458 f.).
5 Siehe dazu unter Rz. 169 ff.

Charakter einer aufschiebenden Bedingung, denn die im Vertrag genannten Rechtsfolgen treten erst mit Zustimmung ein. Wie bei allen Erklärungen sollte hierfür Schriftform Voraussetzung sein (*in writing*), wobei die Parteien – wie bei allen Schriftformklauseln – sinnvollerweise im Vertrag festlegen, ob es sich hierbei um eine Wirksamkeitsvoraussetzung oder Beweisregel handelt.

Aufgrund der starken Machtposition, die *approval rights* einer Partei vermitteln, sind entsprechende Zustimmungsvorbehalte möglichst nicht in Verträgen zulasten der eigenen Seite aufzunehmen. Wenn sie sich nicht vermeiden lassen, sollten sie auf Situationen beschränkt sein, in denen es um zusätzliche, über die im Vertrag bisher gewährten Rechte hinausgeht, die eines *approval* bedürfen; so etwa nach dem Vertrag eigentlich ausgeschlossene Abtretungsrechte, die Einschaltung eines Dritten für die Vertragserfüllung oder Veränderungen der einer Partei obliegenden Hauptleistung. Zustimmungsvorbehalte lassen sich konkretisieren und damit im Einzelfall auch aufweichen, so etwa durch die Formulierungen: 104

> › ... *not to be withheld unreasonably*
> › ... *to be given without undue delay*
> › ... *to be given provided the following conditions are met*

Auch kann mit Fiktionen gearbeitet werden, wonach bei Untätigkeit desjenigen, zu dessen Gunsten der Zustimmungsvorbehalt besteht, eine entsprechende Zustimmung als gegeben angenommen wird. Hierfür kommt folgende Formulierung in Betracht: 105

Such approval shall deemed to be given by Licensor where Licensor does not object in writing within a period of ten (10) Working Days after having been given notice in writing by Licensee of such request.

5. Regelungen im Kontext der Verträge

Mag auch Case Law nicht an der systematischen Auslegung anknüpfen, so können die Parteien bereits bei der wörtlichen Interpretation ein Hierarchieverhältnis zwischen einzelnen Regelungen innerhalb der Vereinbarung bestimmen. Durch gewisse Formulierungen lässt sich so die Stellung einer Klausel in Bezug auf andere Regelungen innerhalb eines Vertrags festlegen. Einzelne davon statuieren einen Vorrang gegenüber anderen Vertragsteilen, kommen also stets zur Anwendung und verdrängen andere Regelungen. Andere Formulierungen hingegen sehen eine Nachrangigkeit vor und werden im Fall von Widersprüchen innerhalb der Vereinbarung verdrängt. 106

a) Vorrangigkeit

107 Kleine Worte können so das Vertragsganze enorm beeinflussen. Hierzu gehören

> *Notwithstanding (…),*
> *irrespective of (…),*
> *regardless of (…),*
> *(…) shall remain unaffected*
> *nothing shall be construed/interpreted as (…).*

aa) Notwithstanding and Irrespective of

108 Bei *notwithstanding* und *irrespective of* handelt es sich um „Joker", die entsprechend den im Vertrag niedergelegten Regelungen anderer Klauseln des Vertrages oder dem Gesamtvertrag vorgehen können. Diese Begriffe sind mit *ungeachtet, abweichend von, unabhängig von* oder *ohne Rücksicht auf*[1] zu übersetzen und bewirken, dass die so eingeleiteten Sätze in ihrem Regelungsumfang allen übrigen Regelungen des Vertrags (soweit nicht in der Klausel selbst eingeschränkt) vorgehen.

So bedeutet der Satz

Notwithstanding (oder: irrespective of) anything contrary in this Agreement, Seller shall be liable for any and all damage caused by the Product for a duration of 10 years beginning with the date of delivery

dass der Verkäufer für sämtliche Schäden, die das verkaufte Produkt verursacht, zehn Jahre lang nach Ablieferung unabhängig von sonstigen Regelungen des Vertrags haftet.

bb) Weitere Formulierungen

109 Das gleiche Ergebnis wie durch die Formulierungen *notwithstanding* und *irrespective* lässt sich auch mit weiteren Worten erreichen:

> *(…) shall (at all times) remain unaffected*
> *Regardless of …,*
> *Nothing in this Agreement shall be construed as to (…)*

So zum Beispiel

Seller's obligations under Sec. 10 of this Agreement shall at all times remain unaffected.

Nothing in this Agreement shall be construed as to release Debtor from its obligations under Sec. 10 of this Agreement.

---

[1] Nicht zu übersetzen mit *unbeschadet,* denn das hat die genau gegenteilige Bedeutung; vgl. *Maier-Reimer,* NJW 2010, 2545 (2547).

Es bleibt danach ungeachtet anderer Regelungen des Vertrags stets bei der Verpflichtung nach Ziffer 10 des Vertrags. Klauseln, die diese Worte enthalten, ist danach besondere Aufmerksamkeit zu schenken.

b) Nachrangigkeit

Umgekehrt können Formulierungen bewirken, dass bestimmte Rege- **110** lungen in einem Vertrag von anderen Vertragsklauseln verdrängt werden oder bei der Anwendung einer Regel zu berücksichtigen sind. Hierzu zählen die einleitenden Worte

› *without prejudice to (…)*

› *subject to (…)*

› *except where stated otherwise in this agreement.*

aa) Without Prejudice to

Without prejudice to anything to the contrary in this Agreement, Seller shall **111** *be liable for any and all damage caused by the Product for a duration of 10 years beginning with the date of delivery*

bedeutet also, dass eine zehnjährige Haftung nicht zum Tragen kommt, wenn entgegenstehende Regelungen im Vertrag etwas anderes sagen. Die mit *without prejudice* eingeleiteten Regelungen des Hauptsatzes kommen damit nur subsidiär, soweit keine gegenteiligen Vertragsklauseln bestehen, zum Tragen und bedeuten *soweit nicht/unbeschadet*. Gleiches gilt für die Formulierung *except where stated otherwise in this agreement*.

bb) Subject to

Gleiches gilt für die Formulierung *subject to*. Diese Worte unterwerfen **112** (subiacere) eine bestimmte Klausel dem Regelungsgehalt einer anderen Regelung, die je nach Inhalt der Klausel zu berücksichtigen ist. *Subject to* ist danach in ihrer Wirkung einer Bedingung vergleichbar und kann mit *nach Maßgabe von …* übersetzt werden.

Subject to the provisions under Sec. 10, Seller shall be liable for any and all damage caused by the Product for the duration of 10 years beginning with the date of delivery.

Denkbar ist etwa, dass Sec. 10 hier feststellt, unter welchen Voraussetzungen ein Gewährleistungsanspruch des Käufers nicht besteht – etwa, wenn ohne Zustimmung des Verkäufers Änderungen an der Vertragsware vorgenommen wurden. Unklar kann mitunter allerdings sein, ob es sich dabei um eine aufschiebende Bedingung handelt oder aber nur eine Nachrangigkeit feststellt[1].

---

1 Vgl. *Maier-Reimer*, NJW 2010, 2545 (2549).

6. Bedingung, Ausnahme, Vermutung, negative Formulierung und Beweislastverschiebung

113 Die immer noch stark auf das Berufsbild des Richters fokussierte Ausbildung in der Bundesrepublik legt geringes Gewicht auf Fragen der Beweislast, die jenseits der Beweismittel im Zivilprozess liegen. Anders als in der Bundesrepublik sind die Kolleginnen und Kollegen aus dem Rechtskreis des Case Law regelmäßig erheblich stärker für das Thema Beweislast bei der Vertragsgestaltung sensibilisiert und widmen diesem Bereich große Aufmerksamkeit[1], so dass sich hier viel insbesondere von der US-amerikanischen Vertragsgestaltung lernen lässt. Beweislastrelevant sind in einer Vereinbarung enthaltene Bedingungen, Ausnahmen, Vermutungen und negativen Formulierungen.

a) Vermutungsregeln

114 Leicht zu erkennen und einzufügen, aber ggf. schwer zu verhandeln ist eine vertraglich angelegte Vermutung (*deemed*), die eine Beweislastverschiebung herbeiführt. Gänzlich ausgeschlossen ist der Gegenbeweis, wenn etwas unwiderleglich vermutet wird (*deemed irrefutably*).

b) Bedingungen

115 Bedingungen (*conditions*) dienen dazu, andernfalls uneingeschränkt bestehenden Verpflichtungen unter einen Vorbehalt zu stellen, wie etwa folgender Vergleich zeigt:

Purchaser shall purchase the Goods in minimum quantities of 10,000 pieces.

Provided certain conditions outlined below are fulfilled, Purchaser shall purchase the Goods in minimum quantities of 10,000 pieces.

Ohne diesen Vorbehalt müsste der Käufer unbeschränkt die Waren in vorbezeichnetem Umfang erwerben.

116 Rechtsnormen lassen sich zu Konditionalsätze umformulieren, die tatbestandliche Voraussetzungen (*wenn*) und Rechtsfolgen (*dann*) abbilden, was relativ einfach bei den Verpflichtungen des § 433 Abs. 1 S. 1 BGB möglich ist: *Durch den Kaufvertrag wird der Verkäufer einer Sache verpflichtet, dem Käufer die Sache zu übergeben und das Eigentum an der Sache zu verschaffen.* Sie lässt sich konditional wie folgt umformuliert: *Wenn ein Kaufvertrag vorliegt* (Voraussetzung), *dann ist der Verkäufer verpflichtet, dem Käufer die Sache zu übergeben und ihm das Eigentum an der Sache zu verschaffen* (Rechtsfolge).

117 Da Vertragsklauseln gewillkürte Gesetze sind, die die Parteien einander einzuhalten versprechen, ist es im Rahmen der Vertragsgestaltung sinnvoll, ebenfalls mit entsprechenden Konditionalsätzen zu operieren, um die Rechte und Pflichten der Parteien sowie deren Folgen klarer zu ma-

---

1 *Kochinke* in Heussen, Handbuch, Teil 9.1, Rz. 17.

chen. Diese Voraussetzungen und Rechtsfolgen eines Tatbestandes können sich innerhalb einer Klausel weiter ausdifferenzieren[1]:

›   *When:* vorliegen einer bestimmten Situation – der Fall als Voraussetzung
›   *if:* Eintritt eines bestimmten Ereignisses – die Bedingung als Voraussetzung
›   *then* – die allgemeine Rechtsfolge
›   *except* – die Ausnahme von der Rechtsfolge

Hierzu nachfolgendes Beispiel:

When one Party is in material breach of any of its obligations under this Agreement in toto or parte ("Breaching Party") and the other Party has given written notice of such material breach ("Notifying Party") to the Breaching Party stating such material breach [der Fall]*, if the matter is not resolved within thirty (30) calendar days after such notice by the Notifying Party* [die Bedingung]*, then the Notifying Party may terminate this Agreement in writing with immediate effect*[2] [die Rechtsfolge] *except where the Breaching Party has cured such material breach prior to the time where the notice of termination is issued by the Notifying Party* [die Ausnahme]*.*

Mag auch nicht primäres Ziel von Bedingungen sein, eine Beweislastverschiebung herbeizuführen, so haben sie doch eine entsprechende Wirkung. Denn je nach ihrer Ausgestaltung führen sie zum Aufleben oder Entfallen der Verpflichtung einer Seite. 118

Conditions gliedern sich in

›   *Condition precedent/contingent condition*
›   *Resolutive condition/dissolving condition*

Die *condition precedent* (aufschiebende Bedingung) erfordert das Vorliegen gewisser Voraussetzungen, um eine unmittelbare Berechtigung einer Seite auszulösen. Derjenige, der sich auf seine Berechtigung beruft, muss den Eintritt der Voraussetzungen beweisen. Üblich sind entsprechende aufschiebende Bedingungen, wenn es um behördliche Zustimmungen geht, ohne die ein Vertrag nicht durchgeführt werden kann; so etwa in Fällen des Wirtschaftsaufsichts- und Wirtschaftslenkungsrechts im Polizei- und Ordnungsrecht im weiteren Sinn, z.B. bezüglicher baubehördlicher Nutzungsänderungen und damit zusammenhängenden Genehmigungen oder kartellrechtlicher Vollzugsverbote einer Fusion vor Freigabe. 119

---

1 *Daigneault*, S. 36 ff.; insbes. S. 39.
2 Es kann hier statt *with immediate effect* auch von *without notice* gesprochen werden; allerdings wäre dies im Hinblick auf die zuvor genannten *notice* doppeldeutig und verletzt zudem die allgemeine, nachstehend aufgeführte Regel, in Verträgen positiv statt negativ zu formulieren, soweit nicht eine Beweislastumkehr angestrebt wird (siehe dazu unter Rz. 124 f.).

Upon payment by Purchaser [condition precedent], *the Seller shall deliver the Product.*

Hier muss der Käufer das Vorliegen der Bedingung (Zahlung) beweisen, um einen Lieferanspruch auszulösen.

120 Die auflösende Bedingung wird häufig fälschlich als *condition subsequent* bezeichnet. Tatsächlich handelt es sich bei der *condition subsequent* um eine nach der geplanten Transaktion eintretende Bedingung[1]. Möchte man hingegen ausdrücken, dass eine Pflicht entfällt, wenn und soweit die Bedingung eintritt, so ist von der *resolutive* oder *dissolving condition* zu sprechen und zur Sicherheit der deutsche Terminus in Klammern zu setzen oder die Folgen des Nicht-Eintritts klar zu umschreiben[2]. Eine auflösende Bedingung ist von der Partei zu beweisen, die sich auf den Wegfall ihrer Verpflichtungen beruft.

The Seller shall deliver the Product until notified by Purchaser [dissolving condition].

Hier hat der Verkäufer den Bedingungseintritt (Benachrichtigung) nachzuweisen, um von seiner Lieferverpflichtung frei zu werden.

121 Es ist danach für die Beweislast erheblich, ob eine Bedingung als aufschiebend oder auflösend ausgestaltet ist, da das Vorliegen der Voraussetzungen jeweils von der einen oder der anderen Partei zu beweisen ist. Entsprechende Klauseln werden dann für die belastete Partei prekär, wenn sie zum Nachweis verpflichten, dass bestimmte Bedingungen nicht eingetreten sind[3].

122 Eine ähnliche Wirkung wie *conditions* besitzen Formulierungen wie *provided that/under the proviso …*, die Regelungen dem Vorbehalt bestimmter, in der jeweiligen Klausel genannter Voraussetzungen unterwerfen, unter der eine Verpflichtung entsteht oder untergeht und die damit je nach Inhalt des weiteren Satzes den Charakter aufschiebender oder auflösender Bedingungen haben können. Bei *subject to* ist klarzustellen, ob das Nachfolgende als aufschiebende Bedingung ausgestaltet ist oder lediglich die Nachrangigkeit des folgenden Passus deutlich machen soll[4].

c) Ausnahmen

123 Dieselbe Wirkung wie die einer Beweislastverschiebung oder die Aufnahme einer Bedingung lässt sich auch mit der Verwendung von Ausnahmen (*exceptions*) erreichen.

The Seller shall deliver the Product except payment is delayed.

---

1 *Maier-Reimer*, NJW 2010, 2545 (2549).
2 *Maier-Reimer*, NJW 2010, 2545 (2549). So etwa durch die Worte: *Upon fulfillment this condition, Purchaser's future obligations shall cease to exist.*
3 Vgl. Formulierung in Rz. 125 a.E.
4 Vgl. *Maier-Reimer*, NJW 2010, 2545 (2549).

Auch hier hat der Verkäufer das Vorliegen der Ausnahme (Zahlungsverzug) beweisen, um sich nach dem Vertrag einer Lieferverpflichtung zu entziehen.

Exception und *exemption* ist nicht dasselbe. Der Unterschied liegt darin, dass *exceptions* Ausnahmen sind, die nicht in einer Aufzählung enthalten sind, *exemptions* hingegen Ausnahmen, die ursprünglich in einer Aufzählung enthalten sind, aber mit der *exemption* ausgenommen werden.

d) Negative Formulierungen

Ähnliche Ergebnisse im Hinblick auf eine Beweislastverschiebung lassen sich im Ergebnis mit negativen Formulierungen in Verträgen – ggf. in Kombination mit Bedingungen – erzielen. Als Grundsatz gilt – im Deutschen wie im Englischen –, dass positive Formulierungen freundlicher, einfacher zu verstehen und häufig kürzer sind als negative Begrifflichkeiten. *No, not, none* und negative Verben wie *cancel, deny, fail, terminate* oder entsprechende Adverbien und Adjektive wie *void, except, other than* sind danach im Grundsatz zu vermeiden[1].

Aus einem Verbot[2] wie

No Party may assign this agreement without the other Party's prior written consent

kann danach der freundliche klingendere, im Ergebnis jedoch identische Satz werden:

Any Party may assign this agreement with the other Party's prior written consent.

Auch können ganze Abschnitte positiv formuliert werden, um dem Vertragspartner das Gefühl zu geben, seine Anliegen seien im Vertrag niedergelegt. Dies gilt insbesondere, wenn auf der anderen Seite eine Person steht, deren Muttersprache ebenfalls nicht englisch ist. Entsprechende „Wohltaten" lassen sich durch Ausnahmen davon oder Voraussetzungen für ihr Vorliegen stark einschränken.

Negative Formulierungen kommen jedoch in Betracht, wenn die Umkehr der Beweislast gewünscht wird. Auch im Common Law gilt prinzipiell: *Wer behauptet, muss beweisen*. Danach obliegt demjenigen, der sich auf eine Verpflichtung der anderen Seite und damit korrespondierend seine Berechtigung beruft, der Beweis, dass die Voraussetzungen für das Vorliegen dieser Verpflichtung des anderen Vertragsteils und seiner eigenen Berechtigung erfüllt sind. Es kommt deshalb maßgeblich darauf an, wer etwas beweisen muss, denn Recht haben alleine reicht nicht. Durch geschickte Formulierung einer Bedingung nebst negativer For-

124

125

---

1 *Daigneault*, S. 19.
2 Beispiel und Lösung nach *Daigneault*, S. 19; siehe zu den weiteren denkbaren Einschränkungen ibid. S. 93.

mulierung lässt sich die Beweislast auf die andere Vertragspartei über-
wälzen. Durch den negativ gefassten Wortlaut wird so eine aufschiebende zu einer auflösenden Bedingung.

Die Formulierung

*Seller shall indemnify and hold harmless Purchaser from any and all claims
raised by third parties if the following conditions are met: (…)*

bedeutet danach, dass *Purchaser* das Vorliegen sämtlicher Voraussetzungen nachweisen muss, um von *Seller* freigestellt zu werden.

Will *Purchaser* nun eine Umkehr der Beweislast mit der Folge erreichen,
dass *Seller* die Voraussetzungen für ein Entfallen der Freistellung nachzuweisen hat, so kann folgende Formulierung gewählt werden:

*Seller shall indemnify and hold harmless Purchaser from any and all claims
raised by third parties unless the following conditions are met: (…).*

Nicht unbedingt leicht verständlich, dafür aber auch schwer für die belastete Partei (in nachfolgendem Beispiel der *Seller*) zu beweisen ist,
wenn der Eintritt einer Bedingung an das Fehlen bestimmter Voraussetz-
zungen geknüpft wird:

*Seller shall indemnify and hold harmless Purchaser from any and all claims
raised by third parties unless the following conditions are not met: (…).*

Kapitel 5
Einzelne Formulierungen in der Vertragsgestaltung

Tausend sehen den Nonsens eines Satzes ein, ohne imstande zu sein,
noch die Fähigkeit zu besitzen, ihn förmlich zu widerlegen.[1]

1. Leistungszeit

a) Effective Date, Signing and Closing

Insbesondere Fristen und Bedingungen können der Wirksamkeit oder dem Vollzug eines Vertrags entgegenstehen. Entsprechend sollten in diesem Fall – aber nicht nur dort – Verträge zwischen *Effective Date*, *Signing* und *Closing* unterscheiden. Diese Daten können, müssen aber nicht zusammenfallen. Das *Effecitve Date* (mit Großbuchstaben, da es in einem Vertrag zu definieren ist) bezeichnet das Datum des (wirtschaftlichen) Inkrafttretens eines Vertrags. *Signing* ist der Akt und Tag der Unterzeichnung, *Closing* der Vollzug eines Vertrags. Sieht der Vertrag etwa aufschiebende Bedingungen vor – so z.B. die Zustimmung Dritter zur Übertragung, Finanzierungsvorbehalte oder behördliche Genehmigungen –, fallen *Signing* (Tag der Unterzeichnung) und *Closing* (mit Eintritt der aufschiebenden Bedingung – *condition precedent*) auseinander. Soll etwa ein Vertrag wirtschaftlich rückwirkend in Kraft treten, sind die Daten von *Signing* und *Effective Date* unterschiedlich. 126

b) Prompt and Without Undue Delay versus Time of Essence

Die Anwendung bestimmter Reaktionszeiten auf Ereignisse lässt sich mit *prompt(ly)* oder *without (undue) delay* umschreiben. 127

Promptly ist für den Verpflichteten schärfer als *without undue delay*, auch wenn die Trennung in der Praxis meist nicht völlig klar zu ziehen ist[2]. Ersteres verpflichtet zu unverzüglichem Handeln, mithin also ohne schuldhaftes Zögern, während *without undue delay* ohne unangemessenes Zögern bedeutet. Im ersten Fall ist regelmäßig sofort zu reagieren, im zweiten Fall kann der Verpflichtete mit einer gewissen Verzögerung handeln, wenn anerkennenswerte Gründe vorliegen, dic nicht notwendig schuldausschließend (anders als für *promptly* erforderlich) sein müssen. Die Formulierung *undue* weicht dabei die Zeit, innerhalb derer reagiert werden muss, auf.

---

1 *Lichtenberg*, S. 134.
2 *Maier-Reimer*, NJW 2010, 2545 (2548).

Das Gegenstück zu relativ großzügigen Fristen stellt die Formulierung *time (of performance) is of essence* dar, die den Charakter eines Fixgeschäfts beschreibt[1].

c) Klarheit der Fristbestimmung

128 Wie ausgeführt ist die Differenzierung in *working/business/calendar days* und deren jeweilige territoriale Geltung für die Fristberechnung erheblich. Wichtig ist jedoch auch, wie in auf Deutsch abgefasten Verträgen, Beginn und Ende einer Frist festzulegen, um Unklarheiten zu vermeiden, ob ein Verzug vorliegt.

Hierzu kommen folgende Formulierungen[2] in Betracht:

> *To/from and including/excluding*

> *On or before/after*

> *From ... to ... both days included/excluded*

> *... to commence on ... to expire on*

> *not less than/at least/within 30 days after such event has occurred*

aa) Last and Take

129 Bei festen Zeitabständen spricht man von *to last* (z.B. der Laufzeit eines Films – *the film lasted two hours*). *To take* hingegen bezeichnet ein Ereignis, das in seiner Laufzeit fest, in seinem Beginn und Ende aber von externen Faktoren abhängig ist. Diese Erfahrung dürfte etwa jeder Reisende schon einmal bei Flügen von Heathrow nach München gemacht haben: *the actual flight from London to Munich took about one and a half hours.*

bb) By and Until

130 *By* findet Verwendung für etwas, das noch nicht eingetreten, aber bis zu einem Zeitpunkt zu bewirken ist. Die Frist enthält das in dem Satz genannte Datum. Erst nach dessen Ablauf ist die Frist verstrichen. Ein Synonym ist *no later than. Purchaser shall pay to Seller an amount of USD 100,000 by February 6, 2013.*

Bei *before* hingegen wird das angegebene Datum selbst nicht mehr für die Fristberechnung hinzugerechnet.

Until hingegen beschreibt einen Zustand, der bis zum Eintritt eines bestimmten Ereignisses anhält und dann endet, mithin einen Fristablauf[3]; ein Synonym ist *up to.* Hier kommt es zur Sicherheit auf eine Klarstellung an, ob das Datum selbst noch Teil der Frist ist.

This offer is valid until (and including/and excluding) 6 February 2013.

---

1 *Daigneault*, S. 98.
2 *Daigneault*, S. 41.
3 *Henry/Pike*, S. 15.

cc) For and Since

For charakterisiert einen hinsichtlich seines Anfangs- und Endpunkts **131** abgeschlossenen Zeitraum eines Ereignisses oder Zustandes.

Seller has been in material breach for ten months (was jetzt beendet ist).

Since hingegen findet Anwendung auf einen Umstand, der seit einem bestimmten Zeitpunkt besteht, aber noch nicht abgeschlossen ist.

Seller has been in material breach since ten months (was immer noch andauert).

dd) In und After

In bezeichnet (auch) einen Zeitpunkt oder das Ende eines bestimmten **132** Zeitraums

Closing of the transaction will take place in two months.

The Parties have concluded an agreement (Exhibit 1) in 2009.

Im Gegensatz hierzu setzt *after* den Beginn eines Zeitraums nach Eintritt eines bestimmten Ereignisses oder Datums:

After having been given written notice thereof, the Seller shall deliver the products to Purchaser's warehouse.

2. Erfüllungssort – Ship and Deliver

To ship bedeutet *versenden* und *abschicken*. Nach dem deutschen Ver- **133** ständnis legt diese Formulierung eine Schickschuld nahe. Im Gegensatz dazu bedeutet *to deliver* eine Lieferung, mithin eine Bringschuld. Beide Erfüllungsorte entsprechen nicht der Vermutung deutschen Rechtes. Denn § 269 Abs. 1 BGB nimmt im Zweifel als Prinzip eine Holschuld an. Bereits nach deutschem Verständnis ist für die Wahl des Erfüllungsortes damit nicht ausreichend, lediglich den Ablieferungsort vertraglich zu bestimmen[1]. Zur Klarstellung ist deshalb auch in auf Englisch abgefassten Verträgen empfehlenswert, bei Waren als Leistungsgegenstand stets auf die zum Zeitpunkt des Vertragsschlusses gültigen INCO-TERMS zu verweisen[2] und andernfalls klarzustellen, dass die gesetzliche Vermutungsregel des deutschen Rechtes (nicht) eingreift. Darüber hinaus ist zu beachten, dass nach überwiegender Meinung[3] eine vertragliche Bestimmung des (materiellen) Leistungsortes nicht zugleich die (prozessuale) Wahl des zuständigen Gerichts begründet, so dass un-

---

1 *Jauernig/Stadler*, § 269 Rz. 5.
2 Vgl. hierfür www.icc-deutschland.de/icc-regeln-und-richtlinien/icc-inco termsR.html.
3 So auch unter Darstellung des Meinungsstreites OLG München, NJW-RR 2010, 139.

abhängig von einer klaren Festlegung des Leistungsortes auch der Gerichtsstand (*venue*) ausdrücklich zu vereinbaren ist[1].

3. Änderung der Leistung

a) Allgemeines

134 Neben der erforderlichen Belastbarkeit durch Statik und Verlässlichkeit bedarf ein Vertrag ausreichender Flexibilität, um die Parteien auf Basis und im Rahmen der Vereinbarung angemessen auf Entwicklungen reagieren zu lassen[2]. Ausfluss hiervon sind etwa *Force Majeure* Klauseln, die insbesondere Fragen der Fälligkeit einer Leistung regeln und im deutschen Recht die (seltene) Figur des Wegfalls der Geschäftsgrundlage, die unmittelbar Haupt- und Gegenleistung in einem sich dramatisch wandelnden Umfeld betreffen können.

Auch kann es in lang laufenden Vereinbarungen – etwa Rahmen- oder Projektverträgen – zu Veränderungen des Leistungsgegenstandes kommen; so zum Beispiel, weil ein Gut verbessert wurde oder weil der Abnehmer andere Spezifikationen als die bislang im Vertrag Enthaltenen für einen Vertragsgegenstand festlegen möchte. Diese Änderungen können Auswirkungen auf den Preis oder den Zeitpunkt einer Leistung haben, so dass Art und Umfang einer Änderungsbefugnis sowie deren Auswirkungen in einer Vereinbarung festgelegt sein müssen, wollen die Vertragsparteien in einem sich möglicherweise wandelnden Umfeld dauerhaft zusammenarbeiten. Gleiches gilt für eine Änderung des Leistungsorts oder Leistungspreises. Häufig hängen diese Punkte – wie etwa bei einer Änderung des Leistungsgegenstandes – mit einander zusammen. Ebenfalls einer Änderung unterliegen kann der Vertrag durch Einführung von Optionsklauseln, die einer Partei unter bestimmten Voraussetzungen Rechte gewähren, sich regelmäßig auf (neue) vertragscharakteristische Leistungen beziehen und die entweder in den bestehenden Vertrag integriert werden oder den Abschluss eines Neuvertrags erforderlich machen.

Prozesse können eine Eigendynamik entwickeln. Wenn deren Ursachen – wie etwa bei höherer Gewalt – außerhalb der Kontrolle der Vertragsparteien liegen, so können die Parteien doch deren Folgen auf die Vereinbarung und ihre Beziehung zu einander regeln. Wie bei allen Prozesses sind dabei Verfahren, Zuständigkeiten, Fristen und Formalia festzulegen, um durch Struktur Dynamik abzufangen und für die Inte-

---

1 Vgl. aber zuletzt BGH, Urt. v. 7.11.2012 – VIII ZR 108/12, wonach die deutschen Gerichte international zuständig für Schadensersatzansprüche aus einem internationalen Warenkauf sind, wenn die Parteien durch den von ihnen verwendeten Incoterm „DDP" („geliefert verzollt") einen deutschen Erfüllungsort vereinbart haben.

2 Ausf. *Heussen*, Handbuch, Teil 1, Rz. 21 ff., 81.

ressen der Parteien fruchtbar zu machen, ohne das Vertragsganze zu gefährden.

b) Change Requests

Hierzu haben sich im Rahmen möglicher Veränderungen der vertragscharakteristischen Leistung umfangreiche Lösungen des sogenannten *change request* entwickelt[1]. Zu klären ist im Rahmen dieser Klauseln, unter welchen Voraussetzungen etwa der Abnehmer eine Änderung des Leistungsgegenstandes verlangen kann und welche Auswirkungen dies auf die Gegenleistung – also den Preis – und auf Ablieferungszeitpunkt hat. Üblich ist etwa bei Projektverträgen, dass der Abnehmer Änderungen im Rahmen eines formalisierten Prozesses anzustoßen berechtigt ist, die wiederum vom Hersteller hinsichtlich ihrer Auswirkungen auf Leistungszeit und Leistungspreis zu prüfen sind. Erscheinen diese Vorschläge des Herstellers dem Abnehmer als angemessen, so kann er zustimmen und der veränderte Leistungsgegenstand wird samt Preis und Leistungszeit neuer Vertragsgegenstand. Andernfalls muss er ein Gegenangebot machen, das seinerseits für seine Wirksamkeit vom Vertragspartner anzunehmen ist. Bei vertraglichen Regelungen des *change request* handelt es sich damit um ein formalisiertes Verfahren der Vertragsänderung, das wegen seiner Verfahrensvoraussetzungen über die normale Schriftform, die für eine Modifikation von Vereinbarungen regelmäßig vorgesehen ist, hinausgeht und die Rechte und Pflichten der Parteien im Zusammenhang mit dieser formalisierten Vertragsänderung bereits in der bestehenden Vereinbarung festlegt. Ohne eine solche Klausel wären die Parteien an das bisher Vereinbarte gebunden, ohne individuell ein Verfahren für die Änderung wesentlicher Inhalte des Vertrags anstoßen zu können. 135

Eine entsprechende Klausel kann etwa lauten: 136

At any time prior to Approval of the Project, Partner may request Engineer to provide additional services in the form of any modification of the Specification and/or any change to Engineer's performance under this Agreement. The Parties shall comply with the following procedures for any such change:

*1. Partner shall submit in writing to Engineer a request for any such additional services ("**Change Request**").*

*2. Engineer shall evaluate such Change Request and shall within 10 Working Days deliver its written response to the Partner, which shall include a statement, if any, on the project costs and/or the dates set out in the Milestone Schedule including explanation of such impact ("**Response**"). If Engineer fails to deliver its Response within such period of time, the Change Request shall be irrefutably deemed to have no impact on the project costs and/or the dates set out in the Milestone Schedule and/or the implementation of such Change*

---

1 Ausf. *Heussen*, Handbuch, Teil 2, Rz. 368 ff.

Request does not detrimentally affect the Project or the intended use of the Services and/or Products as stated in the Specification. The Engineer shall be responsible for implementing the Change Request in full compliance with the Project Budget and the Milestone Schedule and the Specification.

In the event of (i) such impact and (ii) timely Response, Partner shall evaluate Engineer's timely Response whether to implement any or all Change Requests covered by this Response or not. If Partner fails to instruct Engineer within 5 Working Days after having received the Response, the Change Request shall be irrefutably deemed to have been repealed and no changes shall be implemented based on the Change Request.

3. Each Change Request duly authorised in writing by the Parties shall constitute a formal modification of this Agreement and shall be deemed incorporated into and shall become a part of this Agreement. Notwithstanding the foregoing, in no event shall a Specification and/or Milestone Schedule be deemed altered, amended, enhanced or otherwise modified, except through written authorisation by Partner of the implementation of a Change Request in accordance with the provisions of this Sec. [...].

4. Engineer may at any time suggest in writing any appropriate changes with respect to the Project. Engineer may implement such changes provided that these (i) do not alter the Production Budget and/or the Milestone Schedule and (ii) do not detrimentally affect the Specification. Any deviation from the Budget, the Milestones and/or Specification requires the Partner's written approval following the procedures set out under this Sec. [...] 1 and 2 which shall apply mutatis mutandis.

4. Geldleistung

a) Allgemeines

137   Der einfachste Fall ist die Zahlung eines Geldbetrags für eine bestimmte Leistung im Rahmen punktuellen Leistungsaustausches. Eine entsprechende Klausel enthält neben dem konkreten Betrag, der sicherheitshalber auch in Worten auszuschreiben ist, noch Regelungen zu einer etwaigen Umsatzsteuerpflicht und Fälligkeit der Geldleistung wie zu möglichen Nebenkosten. Auch ist die Landeswährung zu definieren, wenn sie sich aus ihrem Begriff nicht eindeutig bestimmen lässt. Die Zahlung von Bankgebühren (*banking fees/charges*), die bei Überweisung der Gelder nach § 270 Abs. 1 BGB im Zweifel der Zahlende zu tragen hat, sind sinnvollerweise ebenfalls festzulegen: zum einen, weil hier durch Auslandüberweisungen erhebliche Beträge auflaufen können, zum anderen, weil bereits § 270 Abs. 3 BGB eine Verschiebung der Kostenlast bei Sitzverlegung durch den Gläubiger auch nach deutschem Recht vorsieht.

138   Wie vorstehendes Beispiel zu *Change Requests* zeigt, kann die Hauptleistung Änderungen unterliegen, die sich auf die Höhe einer Vergütung

auswirken. Auch Gegenforderungen können damit einer Veränderung unterworfen sein. Dies ist nicht nur wegen Änderung der vertragscharakteristischen Leistung denkbar, sondern beispielsweise auch, wenn sich die Kosten für die zur Herstellung erforderlichen Rohstoffe und sonstigen Produktionsmittel verändern. Soweit möglich, bietet sich hierfür ein Berechnungsmodell an, bei dem aber beim Zahlungsempfänger sicherzustellen ist, dass er damit nicht seine interne Kalkulationsgrundlage offenlegt. Wenn der Einkäufer über erhebliche Verhandlungsmacht verfügt, können entsprechende Rahmenvereinbarungen eine jährliche Reduktion des Preises vorsehen. Schließlich enthalten Unternehmenskaufverträge regelmäßig detaillierte Klauseln zur Anpassung des Kaufpreises (*purchase price adjustments*) etwa, wenn gewisse in der Unternehmensbilanz enthaltene Kennzahlen nach Vertragsschluss über- oder unterschritten werden.

b) Umsatzabhängige Vergütung

Darüber hinaus sind Fälle denkbar, in denen Ungewissheit über die Höhe der Erlöse besteht, die der Erwerber mit einem Gut bei Weiterveräußerung am Markt erzielen wird; so etwa, weil der Erwerber den geographischen oder sachlichen Markt für den Vertragsgegenstand erst erschließen muss oder weil der Erfolg eines Gutes von seiner Produktqualität (in der Wahrnehmung Dritter) abhängt. Die Parteien können sich in einem solchen Fall auf eine Risikoverteilung einigen. Hierfür kommen verschiedene Möglichkeiten in Betracht: so etwa eine (ausschließlich) vom Umsatz des Erwerbers abhängige Vergütung oder eine Vorauszahlung mit Verrechnungsmöglichkeit durch den Erwerber. Hierbei ist immer auch an das Recht des Zahlungsempfängers zu denken, die Bücher des Verpflichteten einsehen zu können[1].   139

Eine umsatzabhängige Vergütung kann etwa lauten: 140

License Fee and Royalty Payment

(a) *Licensee shall pay Licensor an upfront nonrefundable license fee of [...] United States dollars for the Licensed Patents. Licensee shall also pay Licensor a [...]% royalty based on all Net Sales of the Product (as defined below) whose features are claimed in the Licensed Patents.*

(b) *Royalty Accounting and Reports. At the end of each calendar quarter, Licensee shall calculate royalty amounts payable to Licensor pursuant to this Section with respect to Net Sales of Products generated in such calendar quarter, which amounts shall be converted to United States dollars at such time in accordance with the average currency conversion rate by the European Central Bank over such calendar quarter. Licensee shall pay such amount in United States dollars within [...] calendar days after the end of such calendar quarter. Each payment of royalties due to Licensor shall be*

---

1 S. u. Rz. 167 f.

accompanied by a statement of the amount of gross sales of the Product during the applicable calendar quarter, an itemized calculation of gross sales showing units, returns and pricing during such calendar quarter, and a calculation of the amount of royalty payment due on such Net Sales for such calendar quarter. Net Sales are all monies invoiced by Licensee for sale of Products minus VAT where applicable, rebates and returns irrespective when the returned Product has been sold by Licensee. For the avoidance of doubt, Licensee shall not deduct any additional amounts when calculating the Net Sales.

c) Mindesterlöse

141 Denkbar ist auch die Vereinbarung einer Mindestsumme (*Minimum Guarantee/Minimum Revenue/Minimum Fee/Contingent Recoupable Advance*), die vom Erwerber zunächst vorab zu zahlen ist und gegen die er bestimmte Einnahmen laufen lassen kann. Erst bei Überschreiten der so erzielten Einnahmen über den Betrag der vorab gezahlten Mindestsumme entsteht ein weiterer Vergütungsanspruch des Veräußerer. Konkret erhält bei einer Mindestvergütung die die Hauptleistung erbringende Partei – regelmäßig ein Lizenzgeber – zunächst eine vertraglich festgelegte Summe. Die andere Partei (der Lizenznehmer) wiederum kann nach einem Verteilungsschlüssel seine mit der Lizenz erzielten Erlöse und den so ermittelten dem Lizenzgeber zustehenden Betrag zunächst von dieser Mindestvergütung abziehen. Überschreiten die dem Lizenzgeber zustehenden Beträge die Mindestgarantiesumme, hat der Lizenznehmer weitere Zahlungen zu leisten. Eine entsprechende *minimum guarantee* kann darüber hinaus an bestimmte Voraussetzungen geknüpft werden: so etwa die Bewertung des mit der Lizenz hergestellten Produktes durch unabhängige Dritte, deren Urteil die Kunden bei ihrer Kaufentscheidung berücksichtigen, die Bereitstellung der Lizenz zu einem bestimmten Datum oder Mitwirkungspflichten des Lizenzgebers bei der Vermarktung der Lizenz.

142 Die Vereinbarung einer *minimum guarantee* kann danach lauten:

Licensee shall pay Licensor a contingent recoupable advance (the "Contingent Recoupable Advance") equal to [...] USD payable [...] calendar days from the first commercial launch of the Licensed Good in the Territories. Said Contingent Recoupable Advance shall be recouped by Licensee out of Amounts Payable on a fully cross-collateralized basis across all Territories. Notwithstanding anything to the contrary contained herein, the Contingent Recoupable Advance is contingent upon below contingencies (the "Contingencies").

Ebenfalls zu regeln ist die Bemessungsgrundlage einer Vergütung, mithin insbesondere die Frage, welche Kossten der Lizenznehmer in Abzug bringen darf sowie die sonstigen Voraussetzungen, unter der ein entsprechender Anspruch des Lizenzgebers überhaupt in voller Höhe entsteht – so etwa die Bewertung des Lizenzgutes durch Dritte.

5. Representation, Warranties and Guarantees

Representations, warranties and guarantees beschreiben sekundäre Leistungsansprüche, die für den Fall der Nichteinhaltung durch eine Partei die andere Partei zu Schadenersatz berechtigen. Sie finden sich regelmäßig zusammen in einem Abschnitt.   143

a) Representation

Da insbesondere in den USA dem deutschen Handelsregister entsprechende Bücher nicht vorhanden sind[1], enthalten diese Klauseln in US-amerikanischen Verträgen regelmäßig die *representations*, dass das Unternehmen, das den Vertrag abschließt, wirksam errichtet wurde und besteht, es sich in guter finanzieller Ausstattung befindet, die eingegangenen Verpflichtungen auch zu erfüllen, dass die Unterzeichnenden vertretungsberechtigt sind und dass keine Rechte Dritter einem Vertragsschluss entgegenstehen. Denn außer einem *Certificate of Good Standing* gibt es in den USA hierzu keine Nachweise[2]. Auch reichen die Vollmachten der Handelnden regelmäßig nicht über die üblichen, den Unternehmensgegenstand betreffende Handlungen hinaus und unbeschränkte Vollmachten sind selten, da meist der Verwaltungsrat (*board of directors*) zustimmen muss[3].   144

Hierbei ist folgende Formulierung denkbar: 145

Execution of this Agreement between the Parties will not conflict with any agreements or obligations existing between Seller and any third party, nor infringe any rights of any third party.

Eine ausführlichere *Representation* kann lauten:

SELLER'S REPRESENTATIONS AND WARRANTIES: Seller hereby agrees, warrants and represents as follows:

(a) Right to Sale: Seller is free to enter into and fully perform this Agreement and will promptly notify Purchaser if any government agency, regulatory body, court or third-party licensor or rights holder advises that Seller is not in compliance with the foregoing or requests or requires Seller to discontinue, remove or withdraw any of the Products from the market for any reason. Seller is financially sound and fiscally capable of performing its obligations, and any material change in such status shall be immediately communicated in writing to Purchaser.

---

1 Vgl. zum Umfang der Dokumentation der im Companies' House niedergelegten Vertragsunterlagen in England OLG Hamm, NJW 2011, 396; zur Situation unter US-Recht *Döser*, JuS 2000, 246 (252); deshalb kommt der Informationsbeschaffung im Vorfeld hier besondere Bedeutung zu, vgl. *Kochinke* in Heussen, Handbuch, Teil 9.1, Rz. 19.

2 *Döser*, JuS 2000, 246 (252).

3 *Döser*, JuS 2000, 246 (253).

(b) *Applicable Laws:* Seller will (i) comply, and will insure that each Product complies, with all applicable laws and regulations, (ii) insure that each Product will not infringe upon any right of any third party.

(c) *No Infringement:* Execution of this Agreement will not conflict with any agreements or obligation existing between Seller and any third party, nor infringe on any rights of any third party, including without limitation liens and encumbrances.

(d) *No Derogation:* Seller has not granted and will not grant any rights to the Product which will derogate or interfere with the rights granted under this Agreement to Seller.

(e) *Insurance:* Seller has and will maintain a comprehensive general liability insurance policy in connection with the Products during the Term hereof, with limits of no less than [...] per occurrence and [...] in the aggregate.

(f) *Survival:* Each and every one of the representations and warranties made by Seller herein shall survive the Term and shall continue in full force and effect after expiration or termination of this Agreement whether by operation of law or otherwise.

Weitere Sicherheit kann hier auch eine *Third Party Opinion* bringen[1], wonach ein Dritter – regelmäßig ein Anwalt – einen als von dem Vertragspartner behaupteten Zustand bestätigt, was daneben bei Fehlerhaftigkeit dem deutschen Vertragspartner einen weiteren Schuldner für Schadenersatzansprüche beschert.

b) Warranty

146 Neben den in den *representations* wie oben enthaltenen Klauseln kommen gesonderte Gewährleistungsregelungen (*warranties*) in Betracht, wie etwa, dass der Vertragsgegenstand zur vertragsgemäßen Nutzung geeignet ist, der Verfügende Eigentümer ist (*rightful owner*) und keine Rechte Dritter der Verfügung über den Vertragsgegenstand entgegen stehen (*no third party's rights or liens*). Teilweise werden *warranties* auch synonym mit *representations* verwendet, wohingegen die Gewährleistung als *guarantee* bezeichnet wird[2], die wiederum nach deutschem Verständnis eine Garantie bezeichnet. Auch hier ist also eine Klarstellung, was konkret gemeint ist, sinnvoll, wenn der Vertrag deutschem Recht unterstellt ist. Gesonderte Gewährleistungen im Rahmen einer eigenständigen *warranty* lassen sich im Hinblick auf Nichtvorliegen von Eigentumsvorbehaltsrechten und gewerblichen Schutzrechten Dritter etwa wie folgt formulieren:

The SUPPLIER warrants that the Goods supplied

(i) *are unencumbered with any extended retention of title ("verlängerter und erweiterter Eigentumsvorbehalt"), especially at the time of transfer of*

---

1 *Döser*, JuS 2000, 456 (459).
2 *Daigneault*, S. 88 f.

ownership to the PRINCIPAL. If legal proceedings against the PRINCIPAL caused by the SUPPLIER's provision of goods and services are instituted by third parties, the SUPPLIER shall bear the costs of the action, as well as all costs that are or have been incurred by the PRINCIPAL (by the PRINCIPAL in-house as well as third-party costs) or shall release the PRINCIPAL by some other suitable means in SUPPLYER's reasonable discretion from any such claims and actions and

(ii) *are free and clear of any third-party IP rights and that, in particular, but not limited to, third-party patents, licenses and other trade mark rights or patent applications or any other intellectual property rights and equivalent or similar forms of protection are not infringed by the supply of, and throughout the utilization of, the Goods supplied.*

Auch kennt das US-amerikanische Recht die *implied warranty*, mithin in Abweichung der *plain meaning rule* eine konkludente Gewährleistung, die sich aus zwingendem US-Recht ergeben kann, das der deutsche Vertragspartner aber möglicherweise nicht kennt, weil es über die nach deutschem Recht bekannten Rechs- und Sachmängel der §§ 434, 435 BGB hinausgehen und die vertraglich vereinbarte Beschaffenheit konkludent erweitern kann[1]. Entsprechende konkludente Gewährleistungen umfassen regelmäßig[2] die *warranty*   **147**

> *of merchantability* [Veräußer- resp. Verwertbarkeit][3]
> *of fitness for a particular purpose* [Verwendbarkeit für einen bestimmten Zweck]
> *of title* [keine Rechtsmängel]
> *of quiet enjoyment* [ungestörte Verwendung]
> *of quiet possession* [ungestörter Besitz]
> *of non infringement.*[keine Verletzung von Rechten Dritter]

Einschränkungen der Haftung für Verletzung der *warranty* sind insbesondere im US-amerikanischen Recht häufig anzutreffen[4], da die engen Grenzen deutschen Rechts der Allgemeinen Geschäftsbedingungen hier nicht greifen. Dies gilt sowohl dem Grunde wie der Höhe nach. Hier können Worte wie *to the best of Seller's knowledge* oder der Ausschluss von konkludenten Gewährleistungen (*implied warranties*) aufgenommen werden. Bei *knowledge* kann in *actual* und *imputed knowledge* differenziert werden: *Wissen* und *Wissen-Müssen*. Wesentlich ist im   **148**

---

1 Deutlich zurückhaltender zur Frage von Implied Terms das Englische Recht; vgl. *Kötz*, AnwBl. 2010, 1 (4); die *implied warranty* als allgemeine Gewährleistung des vertragsgemäßen Gebrauchs gegenüber der *express warrenty* als Garantie interpretierend *Döser*, JuS 2000, 456 (457).
2 *Kochinke* in Heussen, Handbuch, Teil 9.1 Rz. 41.
3 Für England: *satisfactory quality* oder *sold for a specific purpose*; *Daigneault*, S. 81, Fn. 67.
4 *Kochinke* in Heussen, Handbuch, Teil 9.1 Rz. 41.

Zusammenhang einer Wissenszurechnung ebenfalls, auf wessen Wissen konkret abzustellen ist[1].

149 Um die Haftung auszuschließen, findet sich in US-Recht unterstellten Verträgen häufig folgender Satz, der zur Klarheit und Wirksamkeit[2] durchgängig groß geschrieben wird:

THIS WARRANTY IS THE SOLE WARRANTY PROVIDED BY SELLER HEREUNDER IN RESPECT OF THE PRODUCTS AND SHALL BE IN LIEU OF ALL OTHER WAR-RANTIES, EXPRESSED OR IMPLIED INCLUDING WITHOUT LIMITATION WAR-RANTIES AS TO PRODUCT MERCHANTABILITY OR FITNESS FOR A PARTICULAR PURPOSE.

c) Guarantee

150 Vorsicht ist bei im Rahmen von *guarantees* abgegebenen selbständigen Garantieversprechen (*independent guarantee promises*) geboten, da diese eine eigenständige Garantie begründen. Hierbei kann es sich um eine Patronatserklärung oder eine Bürgschaft handeln, oder aber um Erklärungen im Zusammenhang mit dem Vertragsgegenstand – also eine Garantieerklärung zu Eigenschaften etwa einer Kaufsache.

151 Um entsprechende Garantieerklärungen im Hinblick auf den Vertragsgegenstand auszuschließen, findet sich in Verträgen häufig folgende Formulierung.

Seller makes neither implied nor express representations, warranties or guarantees as to (i) the accuracy or completeness of any information (including, but not limited to any forecasts, estimates, projections, statements of intent or statements of opinion) provided to the Buyer or any of its advisers or agents (irrespective of the form provided), (ii) the merchantability of the Product or (iii) the fitness of the Product for uses other than in Purchaser's machines defined exhaustively in Annex [...] of this Agreement.

6. Liability, Damages and Indemnification

152 Die vorgenannte Regelung dient dazu, die *liability* zu verringern. Dieser Begriff bezeichnet die Haftung eines Schuldners für *damage*, mithin einen Schaden, der zu *damages*, einem Schadenersatz führt. In einem Vertrag sind deshalb die Voraussetzungen der Haftung – Erforderlichkeit eines Verschuldens und wenn ja, in welchem Umfang oder Begründung einer verschuldensunabhängigen Haftung – festzulegen. Im Anschluss daran ist der Umfang der Haftung zu definieren, etwa ein völliger Ausschluss für bestimmte Schäden, eine Beschränkung auf bestimmte Schäden dem Grunde (ob) und der Höhe (wie viel) nach. Hier lässt sich

---

1 *Maier-Reimer*, NJW 2010, 2545 (2548).
2 *Kochinke* in Heussen, Handbuch, Teil 9.1 Rz. 56.

auch weiter nach dem Grad des Verschuldens und daraus resultierender Schäden differenzieren.

a) Liability

Die Formen der *liability* lassen sich in nach dem jeweils (nicht) erforderlichen Grad des Verschuldens trennen in: 153

> *Fault based liability*
>> *Intention*
>> *Wanton/reckless/wilful negligence*
>> *Gross negligence*
>> *(ordinary) negligence*
>> *Slight negligence*
> *Strict liability*

Die verschuldensabhängige Haftung (*fault based liability*) differenziert sich in *intention* (Vorsatz) und *(ordinary) negligence* (Fahrlässigkeit). Im Rahmen der Fahrlässigkeit kann – wie im Deutschen – weiter unterschieden werden in die grobe Fahrlässigkeit (*gross negligence*) und die leichte Fahrlässigkeit (*slight negligence*). Bewusste Fahrlässigkeit, also die Kenntnis oder grob fahrlässige Unkenntnis von Umständen über eine Gefahr, bei der der Handelnde jedoch auf ein gutes Ende vertraut nach dem Motto: *wird schon gut gehen* bezeichnet man als *reckless, wanton* oder *wilful negligence*. Allerdings sind die deutschen Begriffe hier jeweils nicht identisch mit den Folgen nach dem Englischen Recht; nicht nur, weil eine Differenzierung vorzunehmen ist, was der jeweils übliche Sorgfaltsmaßstab ist[1].

Darüber hinaus kommt in Betracht, den Grad der dem Vertragspartner obliegenden Vorsicht weiter zu seinen Lasten erhöhen, so etwa mit der Formulierung wie *with all due care and diligence*. Eine Einschränkung des Haftungsmaßstabes lässt sich abermals durch die Aufnahme von *to the best of Seller's knowledge* erreichen.   154

Vorsicht ist geboten bei *strict liability*, da es hier auf den Grad der Vorwerfbarkeit nicht ankommt; vielmehr handelt es sich hierbei um eine verschuldensunabhängige Haftung.

b) Damages

Besteht eine Haftung wegen Schäden, die in einen Schadenersatzanspruch mündet, so lässt sich ein tatsächlich entstandener Schaden, ein pauschalierter Schadenersatzanspruch und ein im Deutschen unbekannter Straf-Schadenersatz, der regelmäßig nur in Gerichtsprozessen zum Tragen kommt, unterscheiden. Als tatsächlich entstandene Schäden, die   155

---

1 *Maier-Reimer*, NJW 2010, 2545 (2548).

einen Schadenersatzanspruch auslösen, werden *damages incurred* respektive *compensatory damages* bezeichnet. Hier lassen sich weitere Abstufungen vornehmen, die den Umfang eines Schadenersatzspruches konkretisieren.

156 So für

> *Direct damages*

> *Conseqeuential damages*

> *Indirect damages*

> *Incidental damages*

> *Damages at large*

> *Liquidated damages*

> *Damages incurred/compensatory damages*

Direct damages erfassen unmittelbare aus der Handlung oder dem Unterlassen resultierende Schäden. *Consequential damages* sind Mangelfolgeschäden, *indirect damages* mittelbare Schäden wie etwa ein *loss of profit*. *Incidental damages* decken atypische, aber äquivalent-kausale Schadensverläufe ab. Als pauschalierter Schadenersatzanspruch, der eine generelle Haftung des Verpflichteten auslöst, ohne dass es auf die Höhe des konkreten Schadens ankäme, werden *damages at large* bezeichnet. Bei dieser Formulierung ist also besondere Vorsicht angezeigt, soweit sie die eigene Partei treffen. *Liquidated damages* stellen einen ebenfalls pauschalierten Schadenersatzanspruch dar, der aber auf die voraussichtliche oder wirtschaftlich vertretbare Schätzung der Schadenshöhe bei Eintritt eines bestimmten Ereignisses abstellt[1].

157 Soweit entsprechende Klauseln den Charakter einer Vertragsstrafe besitzen, die eine Partei abschrecken soll, sich bestimmten aus dem Vertrag stammenden Verpflichtungen zu entziehen, sind sie nach dem Common Law regelmäßig nicht durchsetzbar[2]. Die USA kennen zwar *punitive damages*, mithin Straf-Schadenersatzregelungen, die ein über den tatsächlich entstandenen Schaden (*damages incurred/compensatory damages*) hinausgehendes Sanktionselement besitzen. Diese kann jedoch erst ein Gericht in einem Prozess aussprechen. Denn nach dem Verständnis anglo-amerikanischen Rechts ist es hoheitlichen Stellen vorbehalten, Strafen zu verhängen. Für sie ist innerhalb der zivilrechtlichen Vertragsgestaltung zwischen den Parteien kein Platz[3]. Die Begriffe der *penalty* oder *pressure* sind danach in der Vertragsgestaltung wie auch in der (unternehmensinternen) Kommunikation bei Vertragsvorbereitung und -verhandlung zu vermeiden[4].

---

1 *Daigneault*, S. 83.
2 *Daigneault* S. 83; *Kochinke* in Heussen, Handbuch, Teil 9.1 Rz. 76.
3 *Kochinke* in Heussen, Handbuch, Teil 9.1 Rz. 76.
4 Zu Risiken der *(pre trial) discovery* siehe oben Rz. 37.

Wie aus den Regelungen zur Haftung für tatsächlich entstandene Schäden 158 deutlich wird, lassen sich diese in Verträgen begrenzen oder erweitern, so zum Beispiel auf *reasonable legal costs*, was insbesondere bei den regelmäßig hohen Anwaltshonoraren in den USA geboten erscheint, unterliegt der Vertrag deutschem Recht. Auch kann im Zusammenhang mit *liability* und *damages* über Haftungshöchstsummenbegrenzungen (*caps*) nachgedacht werden. Zusätzlich ist zu überlegen, einzelne Schadensformen auszuschließen (z.B. *no indirect or consequential damages*). Die Wirksamkeit der einzelnen Haftungsregelungen ist jeweils zu prüfen.

Häufig ist ein Ausschluss oder eine Begrenzung der Haftung zur Klar- 159 heit und Wirksamkeit[1] nach US-amerikanischem Recht ausschließlich in Großbuchstaben abgefasst, wie etwa in nachfolgendem, nach deutschem Formularvertragsrecht unwirksamen[2], nach individualvertragsrecht geltungserhaltend zu reduzierendem Beispiel:

NEITHER PARTY SHALL BE LIABLE FOR ANY INDIRECT, INCIDENTAL, SPECIAL, PUNITIVE, OR CONSEQUENTIAL DAMAGES, OR ANY LOSS OF PROFITS (EXCLUDING FEES UNDER THE AGREEMENT), REVENUE, DATA, OR DATA USE. SELLER'S MAXIMUM LIABILITY FOR ANY DAMAGES ARISING OUT OF OR RELATED TO THIS AGREEMENT, WHETHER IN CONTRACT OR TORT, OR OTHERWISE, SHALL IN NO EVENT EXCEED, IN THE AGGREGATE, THE TOTAL AMOUNTS ACTUALLY PAID TO SELLER FOR THE PRODUCT UNDER THE ORDER THAT IS THE SUBJECT OF THE CLAIM IN THE TWELVE (12) MONTH PERIOD IMMEDIATELY PRECEDING THE EVENT GIVING RISE TO SUCH CLAIM. ANY DAMAGE IN PURCHASER'S FAVOR AGAINST SELLER SHALL BE REDUCED BY ANY REFUND OR CREDIT RECEIVED BY PURCHASER UNDER THE AGREEMENT AND ANY SUCH REFUND AND CREDIT SHALL APPLY TOWARDS THE LIMITATION OF LIABILITY.

Es sind aber auch differenziertere – im vorliegenden Beispiel allerdings nach deutschem Recht nur individualvertraglich wirksame – Haftungsklauseln denkbar.

1   LIABILITY

1.1   Subject to Clause 1.2 but otherwise notwithstanding any other provision of this Agreement, neither Party shall be liable to the other or to any third party under this Agreement, whether in contract (including under any indemnity or warranty), in tort (including negligence) under any statute or otherwise for or in respect of any indirect or consequential loss of whatever nature whether or not reasonably foreseeable, reasonably contemplate, or actually contemplated by the Parties at the time of execution of this Agreement.

---

1 *Kochinke* in Heussen, Handbuch, Teil 9.1 Rz. 56.
2 Vgl. nur zur unwirksamen Haftungsbeschränkung bei Kardinalpflichten: BGH, NJW-RR 2005, 1496; NJW-RR 2006, 267.

1.2 Nothing in this Agreement shall limit Purchaser's right to recover:

1.2.1 any losses arising from willful default by the Supplier;

1.2.2 any losses, fines and expenses imposed by a regulator or governmental body; and

1.2.3 any costs or expenses incurred in procuring alternative equipment materially similar to the Products

1.2.4 any liability for death or personal injury resulting from a party's negligence;

1.2.5 any liability for fraudulent misrepresentation or the absence of guarantees given by Contractor;

1.2.6 any other liability to the extent which is cannot be lawfully excluded such as product liability acts.

1.3 Subject to Clause 1.2 and to the maximum extent permitted by law, Purchaser's aggregate liability, whether in contract (including under any indemnity), in tort (including negligence), under a warranty, under statute or otherwise under or in connection with this Agreement or the provision of the Works shall in total be limited to the Product's Price.

1.4 Subject to Clause 1.2 the Contractor's aggregate liability, whether in contract (including under any indemnity), in tort (including negligence), under a warranty, under statute or otherwise under or in connection with this Agreement or the provision of the Product shall in total be limited to [...] save and except where (a) such liability exceeds this amount and (b) such amount is covered by insurances Contractor has obtained as defined under Clause [...] of the Agreement.

If the Contractor fails to comply with its insurance obligations the limit of the liability of the Contractor will be increased to the maximum amount which would have been insured and covered under the Contractor's insurance had the Contractor complied with its Insurance obligations under this Agreement.

1.5 In all cases a Party establishing or alleging a right to be indemnified in accordance with this Agreement shall take all reasonable measures to mitigate the loss which has occurred.

160 In Lieferketten ist der Zwischenlieferant immer in einer Sandwich-Position: Bei einer fehlerhaften Lieferung hat er möglicherweise eigene Ansprüche gegen seinen Vorlieferanten, ist seinerseits aber dem Käufer gegenüber in der Haftung. Hier ist denkbar, die Haftung des Zwischenhändlers gegenüber seinem Käufer gänzlich zu beschränken, wenn etwa der Käufer dem Verkäufer den Vorlieferanten vorgegeben hat. Alternativ kommt ein Anspruch auf Abtretung der Ansprüche in Betracht, die der Zwischenhändler gegen seinen Vorlieferanten besitzt, soweit den Zwischenhändler nicht ein eigenständiges Verschulden trifft, das über ein Verschulden bei Lieferung einer fehlerhaften Kaufsache hinausgeht.

Eine entsprechende individualvertragliche Klausel kann danach lauten: 161

1. Limited Liability

Unless Seller is responsible for a Claim (as defined below) due to an intentional or gross negligent act or guarantee given by Seller with respect to the delivery of Parts to Purchaser ("Delivery"), any claims, suits, actions, proceedings, demands, or judgments worldwide against, and in respect of, any liability, injury, damage, loss (including, but not limited to, direct economic loss, loss of profit, indirect or consequential damage), or expense (including, but not limited to, reasonable attorney fees and reasonable litigation expenses) ("Claims") by Purchaser against Seller for such Delivery, especially, but not limited to Claims based on defects and late delivery of such Delivery are excluded. Except where prohibited by mandatory law the previous sentence shall apply mutatis mutandis to any Claims under law Purchaser may have against Seller.

2. Sole Recourse

Seller shall use reasonable endeavours to include into the agreements with suppliers of Parts to be concluded by Seller a clause entitling Seller to assign to Purchaser Seller's rights for such Claim Seller may have against supplier for such parts. Where such agreements provide for such assignment and upon Purchaser's written notice stating such Claim in sufficient detail, Seller shall assign to Purchaser any respective right Seller may have under the agreement concluded between Seller and supplier for supplier's material breach of such agreement relating to Parts and resulting Claims. Purchaser may enforce such Claim against the supplier of such Parts in its own name and on its own behalf and cost. For the sake of clarity, it is understood that where the respective agreement between Seller and supplier of Parts does not provide for such assignment, sec. 1 of this part shall apply mutatis mutandis.

c) Indemnification

Durch die Lieferung oder Leistung eines Vertragspartners kann es bei   162
Dritten zu Schäden kommen, sei es, weil die andere Vertragspartei mit diesen Dritten in vertraglichen Beziehungen steht oder weil sich ein Anspruch kraft Gesetzes – etwa aus Delikt (*tort*) oder etwa in Deutschland aus dem Produkthaftungsgesetz – ergibt. Um hier Sicherheit für den einen Gegenstand erwerbenden Vertragspartner zumindest im Innenverhältnis zu schaffen, enthalten Vereinbarungen häufig *indemnifications* (Freistellungen). Vielfach und ein wenig verschleiernd werden diese Freistellungen auch als *third party rights* bezeichnet. Hierbei handelt es sich um in Verträgen angelegte Verpflichtungen einer Vertragspartei, bestimmte Personen in der Sphäre des anderen Vertragspartners intern von Ansprüchen freizustellen, die Dritte wegen einer Verletzung gegen den Vertragspartner erheben. Regelmäßig erfolgen entsprechende Freistellungen im Zusammenhang mit der Verletzung von *Provisions of Warranty, Guarantees* oder *Representations*. *Indemnifications* sind damit Möglichkeiten, die eigene Haftung gegenüber Dritten für gewisse Umstände

im Innenverhältnis auf den Vertragspartner zu verlagern und ein Verfahren festzulegen, in dem ein Vertragspartner andernfalls bestehende Schadenersatzansprüche gegenüber der anderen Vertragspartei geltend machen kann.

163 So etwa durch folgende Klausel:

1. Seller's Indemnification Obligations. Seller hereby agrees to indemnify, defend, and hold harmless Purchaser, each of its Affiliates, directors, representatives, officers, employees, agents, attorneys, successors, and assignees (collectively, the "Purchaser's Indemnified Parties"), from and against, and in respect of, any liability, injury, damage, loss (including, but not limited to, direct economic loss), or expense (including, but not limited to, reasonable attorney fees and reasonable litigation expenses), as and when incurred by or imposed upon the Purchaser's Indemnified Parties in connection with any third party claims, suits, actions, proceedings, demands, or judgments worldwide ("Third Party Claims") arising out of or resulting from Seller's breach of the representations and warranties set forth in Section [...] of this Agreement.

2. Purchaser's Indemnification Obligations. Purchaser hereby agrees to indemnify, defend, and hold harmless Seller, each of its Affiliates, directors, representatives, officers, employees, agents, attorneys, successors, and assignees (collectively, the "Seller's Indemnified Parties"), from and against, and in respect of, any liability, injury, damage, loss (including, but not limited to, direct economic loss), or expense (including, but not limited to, reasonable attorney fees and reasonable litigation expenses), as and when incurred by or imposed upon the Seller's Indemnified Parties in connection with any third party claims, suits, actions, proceedings, demands, or judgments worldwide ("Third Party Claims") arising out of or resulting from the Commercialization of the Licensed Product.

3. Notice of Claims. Within thirty (30) calendar days after a Person seeking indemnification hereunder (hereinafter the "Indemnified Party") has received notice of or has acquired knowledge of any Third Party Claim, the Indemnified Party shall, if such claim is indemnifiable by the other Party pursuant hereto (hereinafter the "Indemnifying Party"), give the Indemnifying Party written notice of such claim and the commencement or threatened commencement of such Third Party Claim. Such notice shall state the nature and basis of such Third Party Claim, and, if ascertainable, the amount thereof. Notwithstanding the foregoing, the failure of the Indemnified Party to give such notice shall not excuse the Indemnifying Party's obligation to indemnify and defend the Indemnified Party, except to the extent the Indemnifying Party has suffered damage or prejudice by reason of the Indemnified Party's failure to give or delay in giving such notice. Within ten (10) calendar days of receipt of any notice issued by the Indemnified Party pursuant to this Section regarding Indemnification, the Indemnifying Party shall notify the Indemnified Party whether the Indemnifying Party acknowledges its indemnification and defense obligation with respect to the Third Party Claim which was the subject of the Indemnified Party's notice or whether it disclaims such obligations. In the event the Indem-

nifying Party disclaims or fails to timely acknowledge its obligations with respect to any Third Part Claim, the Indemnified Party shall have the right to defend such Third Party Claim, with counsel of its own selection, and compromise such Third Party Claim without prejudice to its right to indemnification hereunder. In the event the Indemnifying Party timely acknowledges its obligations hereunder with respect to any Third Party Claim, the Indemnifying Party shall defend the same with counsel in accordance with this Section. Where the Indemnifying Party shall have acknowledged in writing its obligations hereunder with respect to any Third Party Claim, the Indemnified Party may, at its expense, participate in the defense of such Third Party Claim and no such Third Party Claim shall be settled by the Indemnified Party without the prior written consent of the Indemnifying Party which consent shall not be unreasonably withheld or delayed. At any time after the Indemnifying Party acknowledges its obligations hereunder with respect to any Third Party Claim, the Indemnifying Party may request the Indemnified Party to agree in writing to the payment or compromise of such Third Party Claim (provided such payment or compromise has been previously approved in writing by the third party claimant), and, in the event the Indemnifying Party does so, the Indemnified Party shall promptly agree in writing to such settlement, unless such settlement would involve a remedy or remedies, other than the payment of money damages by the Indemnifying Party, to which the Indemnified Party reasonably objects.

7. Corporate Guarantee, Recourse and Joint Debtors

Von den im Rahmen der *representations, warranties* und *guarantees* abge- 164
gebenen Erklärungen sind insbesondere in der Kredit- und Finanzwirt-
schaft vorkommende Sicherungsinstrumente zu unterscheiden. Für den
Fall des Zahlungsausfalls (*default*) eines Schuldners hat der Gläubiger
(*creditor*) hoffentlich vorgesorgt durch Sicherheiten, die für die Schuld
gestellt werden (*collateral/security*), die Form der Sicherheit (z.B. *mort-
gage, surety, comfort letter, corporate guarantee*) und die Rückgriffsrechte
des Gläubigers auf die Sicherheiten (*recourse*). Hinzu kommt die Frage
der Mehrheit von Schuldnern und das Wahlrecht des Gläubigers, etwa
bei der Gesamtschuld (*joint (and several) debt*). Hier ist der Gläubiger bei
Vereinbarung deutschen Rechts gemäß § 426 Abs. 1 BGB berechtigt, einen der Gesamtschuldner (*joint (and several) debtor(s)*) auf den vollen Betrag in Anspruch zu nehmen, falls es zum *default event* kommt. Ebenfalls der Sicherung des Gläubigers dient eine unabhängige, von Dritten
abgegebene Patronatserklärung (*independent (corporate) guarantee/letter
of comfort*), aus der der Gläubiger gegen den Patron vorgehen kann. Gleiches gilt für eine Bürgschaft (*surety/suretyship/* im Bankverkehr häufig
auch: *guarantee*[1]), die regelmäßig auf erstes Anfordern (*on first demand*)

---

1 Vgl. *Walz*, Vorwort zur 1. Auflage.

ausgestellt wird, auch wenn das Sicherungsinstrument der Bürgschaft im Common Law nicht so verbreitet ist wie etwa im deutschen Recht.

165 Hinsichtlich des Umfangs von Rückgriffsrechten (*recourse*) eines Gläubigers auf Sicherheiten (*collateral/security*) ist zu unterscheiden:

> *Non-recourse*: ohne Rückgriffsrechte auf etwaige Sicherheiten

> *Limited recourse*: Beschränkung auf eine bestimmte Sicherheit – etwa die Eigenkapitaleinlage eines Gesellschafters

> *Full-recourse*: volle Haftung des Schuldners mit seinem gesamten Vermögen

All dies kann Inhalt eines *security and accommodation agreement* sein. *Consideration* ist hier die Einräumung von Sicherheiten durch den Schuldner, um den Gläubiger im Gegenzug zur Gewährung eines Kredits zu bewegen.

8. Wettbewerbsverbote

166 Wettbewerbsverbote können zum einen die Pflicht enthalten, während der Laufzeit des Vertrags keine Produkte zu verkaufen oder Dienstleistungen zu erbringen, die im Wettbewerb mit den vertragsgegenständlichen Leistungen stehen oder – etwa nach Veräußerung des Betriebs – nachvertraglich nicht in Wettbewerb mit dem Vertragspartner zu treten. Für die Formulierung entsprechender Klauseln können sich die Parteien an der von der Europäischen Kommission entwickelten Definition eines Wettbewerbsverbotes[1] orientieren:

'Non-compete obligation' means any direct or indirect obligation causing the buyer not to manufacture, purchase, sell or resell goods or services which compete with the contract goods or services, or any direct or indirect obligation on the buyer to purchase from the supplier or from another undertaking designated by the supplier more than 80 % of the buyer's total purchases of the contract goods or services and their substitutes on the relevant market, calculated on the basis of the value or, where such is standard industry practice, the volume of its purchases in the preceding calendar year[2].

---

1 Art. 1 Nr. 1c VO 330/2010; Abl. EG 2010 L 102/1; siehe für Vertikalvereinbarungen darüber hinaus Art. 5 VO 330/2010; für Unternehmenskaufverträge Mitteilung der Kommission über Einschränkungen des Wettbewerbs, die mit der Durchführung von Unternehmenszusammenschlüssen unmittelbar verbunden und für diese notwendig sind, Abl. EG 2005 C 56/24, insbes. Rz. 20 ff., die Umfang und kartellrechtliche Grenzen wirksamer Wettbewerbsverbote beschreiben; eine gute Zusammenfassung enthält auch *Morawietz*, NJOZ 2008, 3813; für Kundenschutzklauseln und § 138 BGB siehe zuletzt BGH v. 31.5.2012 – I ZR 198/11.

2 Für Formulierungen vertraglicher Wettbewerbsverbote siehe den Übungsteil.

9. Bucheinsichtsrechte

Eine Vielzahl vertraglicher Verpflichtungen spielt sich in der Sphäre ei- 167
nes Vertragspartners ab, ohne dass die andere Vertragspartei unmittelbar
erkennen kann, ob diese Verpflichtungen tatsächlich in vollem Umfang
erfüllt worden sind. Dies gilt etwa für durch einen Lieferanten vor-
zunehmende Qualitätssicherungsmaßnahmen, eine umsatzabhängige
Vergütung oder von einem Lizenznehmer zu entrichtende Gebühren
auf Grundlage der mit einer Lizenz hergestellten Gegenstände. Vertrag
ist gut, Kontrolle besser. Entsprechend möchte der Berechtigte prüfen
können, ob und wenn ja in welchem Umfang der Partner seine vertraglichen Pflichten eingehalten hat. Hier bieten sich Regelungen an, ausreichende *books and records* über die verpflichtenden Maßnahmen zu
führen und dem Berechtigten ein Audit-Recht einzuräumen. Dieses
sollte – anders als das zugunsten des Berechtigten im nachfolgenden
Muster – eine zeitliche Begrenzung der jeweiligen Prüfzeiten und eine
Weitergabe der von dem Auditor erzielten Ergebnisse nur nach Zustimmung des Verpflichteten vorsehen. Daneben ist wesentlich, dass der
Umfang der von dem Geprüften vorzulegenden Daten hinreichend konkretisiert ist. Um zu verhindern, dass der Vertragspartner unmittelbar
vertrauliche Informationen durch eine Einsicht in die Bücher erhält,
sollte die Einsichtnahme auf zur Verschwiegenheit gesetzlich verpflichtete Personen (etwa Rechtsanwälte, Wirtschaftsprüfer oder Steuerberater) beschränkt und eine Weitergabe der Informationen unter einen
Zustimmungsvorbehalt gestellt werden. Zu fragen ist danach insbesondere: wer, was, wann, wo, wie häufig, wie lange einsehen und wie mit
den erhaltenen Informationen weiter umgegangen werden darf.

Eine Klausel kann etwa lauten[1]: 168

*Royalty Accounting and Reports. At the end of each calendar quarter, Licen-
see shall calculate royalty amounts payable to Licensor pursuant to this Section 3 with respect to gross sales generated in such calendar quarter, which
amounts shall be converted to United States dollars at such time in accordance with Licensee's standard practice for currency conversion, applied con-
sistently across its organization and product lines. Licensee or a Licensee's Affiliate shall pay such amount in United States dollars within forty-five (45)
calendar days after the end of such calendar quarter. Each payment of royalties due to Licensor shall be accompanied by a statement of the amount of
gross sales of the Licensed Product during the applicable calendar quarter, an
itemized calculation of gross sales showing units and pricing during such calendar quarter, and a calculation of the amount of royalty payment due on
such gross sales for such calendar quarter.*

*Records; Audits. Licensee shall keep Licensor reasonably apprised of the com-
mercial installations, sales, and utilization associated with the Licensed Prod-*

---

1 Für eine die eine resp. die andere Seite bevorzugende Klausel siehe den
Übungsteil Rz. 213.

uct. Licensee shall maintain complete and accurate records in sufficient detail to permit Licensor to confirm Licensee's gross sales levels in order to assess and to verify the accuracy of any royalty payments or royalty reports provided under this Agreement (the "Audit Purpose"). For a period of three (3) years from the creation of individual records, such records shall be available during regular business hours, upon reasonable prior notice and not more often than once each calendar year, for examination by an independent accounting firm selected by Licensor and reasonably acceptable to Licensee, for the sole purpose of the Audit Purpose. The accounting firm shall disclose to Licensor only such information as is necessary for the Audit Purpose. Any amounts shown to be owed but unpaid shall be paid within thirty (30) calendar days from the accountant's report, plus interest from the original due date. Any amounts shown to have been overpaid shall be credited against the subsequent royalty payment. Licensor shall bear the full cost of any such audit unless any unpaid amounts exceed 5 % of the royalties paid.

10. Optionen

169 Optionen geben einer Vertragspartei das Recht, in der Zukunft in Vertragsbeziehungen der anderen Partei einbezogen zu werden oder das bisherige Vertragsverhältnis zu verlängern. Diese Option kann entweder in dem Recht bestehen, in weitere Verhandlungen zu einem in der Zukunft liegenden Sachverhalt mit der anderen Vertragspartei eintreten zu können („einfache Option") oder aber einseitig durch Erklärung einen Vertragsschluss herbeizuführen („qualifizierte Option")[1]. In wieweit es sich um eine „einfache" oder „qualifizierte" Option handelt, ist im deutschen Recht nach §§ 133, 157 BGB durch Auslegung zu ermitteln, wenn die Parteien keine eindeutige Abrede getroffen haben[2].

a) Einfache Option

170 Eine einfache Option erfasst dabei regelmäßig das *right of first negotiation* oder *right of first refusal*, häufig verbunden mit einem *last matching right*. Danach hat die berechtigte Partei die Möglichkeit, als erste in Verhandlungen über den Abschluss eines weiteren Vertrags zu treten (*right of first negotiation*). Können sich die Vertragsparteien dabei nicht auf den Abschluss eines weiteren Vertrags einigen, so ist der verpflichtete Vertragsteil berechtigt, mit Dritten in Verhandlungen zu treten. Liegt mit diesem Dritten ein unterschriftsreifer Vertrag vor, so kann der bisherige Vertragspartner berechtigt sein, diesen ausverhandelten Vertrag statt des Dritten zu unterzeichnen oder diesen Vertrag abzulehnen (*last refusal right*). Liegt eine entsprechende „einfache Option" vor, darf der Vertragspartner erst nach Ablehnung den Neuvertrag mit einem Dritten abschließen.

---

1 Vgl. zur Differenzierung LG München, ZUM 2009, 294 (296).
2 LG München, ZUM 2009, 294, 296.

Ein *first negotiation last refusal right* kann danach für eine weiche Option 171 lauten:

Licensee is granted an exclusive first negotiation and last refusal right in accordance with the following provisions:

1. Licensor shall inform the Licensee by written notice ("Licensor's Notice") as soon reasonably expected whether it decides to grant future rights in the field of application other than those granted to Licensee under this Agreement ("Future Rights"). Licensor's Notice shall contain information on such Future Rights, including, but not limited to its scope.

2. Licensee shall notify Licensor in writing ("Licensee's Notice") whether Licensee intends to enter into negotiations with Licensor in view of scope and royalty in accordance with industry standards. The Parties shall conduct such negotiations without undue delay and in good faith. Any such negotiations shall not take longer than 30 calendar days after Licensee's Notice ("Negotiation Period").

3. Where (i) no Licensee's Notice is given within a period of ten calendar days after having received Licensor's Notice or (ii) the Parties do not conclude an agreement for Future Rights within the Negotiation Period or any extension thereof agreed by the Parties in writing, Licensor shall be free to enter into negotiations regarding Future Rights with third parties subject to the provisions of subsections 4 and 5.

4. Where Licensor has finalised a negotiated agreement with a third party on the Future Rights and all their material aspects, Licensor shall be free to enter into such agreement provided Licensor has (i) first offered Licensee in writing conclusion of an agreement identical to that negotiated with this third party relating to the Future Rights and (ii) Licensee has not accepted such offer in writing within a period of seven calendar days after having received such offer and finalised agreement.

5. Where Licensor either (i) has not concluded the agreement offered to Licensee in accordance with subsection 4 with said third party within 30 calendar days commencing after the period stated under subsection 4 (ii) has lapsed or (ii) Licensor has materially altered such agreement negotiated with this third party, subsections 2–4 of this Agreement shall apply mutatis mutandis.

b) Qualifizierte Option

Im Gegensatz dazu sind die *essentialia negotii* bei einer „qualifizierten 172 Option" bereits im die Option einräumenden Vertrag so hinreichend konkretisiert, dass eine einseitige Erklärung des Berechtigten die Wirkungen dieses neuen Vertrags herbeizuführen vermag. Sieht die Option das Recht zum Kauf vor, spricht man von einer *call option*, schreibt sie das Recht zum Verkauf fest, von einer *put option*. Sie muss danach deutlich ausgefeilter als eine einfache Option sein, da die wesentlichen Vertragsinhalte zumindest bestimmbar sind, um eine konkrete Pflicht zum Erwerb (*put option*) oder zur Veräußerung (*call option*) festzuschreiben.

Gleichzeitig muss sie jedoch eine ausreichende Flexibilität für die weitere Vertragsentwicklung schaffen und steht damit in einem Spannungsverhältnis von Planungssicherheit und Dispositionsfreiheit der Parteien.

173 Eine entsprechende Regelung ist wie folgt denkbar:

(a) *In the event Licensor's right, title and interest in the License is not first sold or transferred pursuant to subparagraph (b) of this Paragraph, then the following call option provisions shall apply:*

(i) *Licensee (or an entity designated by Licensee) will have the exclusive and irrevocable option (the "Call Option") to acquire all of Licensor's right, title and interest in and to the License for a fair market value purchase price to be negotiated by the Parties in good faith. In the event the Parties can not agree on the purchase price within a period of ten (10) business days after the exercise of the Call Option by Licensee the purchase price under the Call Option will be the "Option Price" (as defined below).*

(ii) *Licensee (or such other entity designated by Licensee) may exercise such Call Option for the License by giving written notice to Licensor no earlier than [...] and no later than [...] (the "Call Option Period") in which case, subject to (A) due payment of the Minimum Guarantee which have become due and payable up until the date of exercise of the Call Option; and (B) Licensee's (or such other entity's) delivery of such notice to Licensor; and (C) payment of the purchase price (or alternatively the Option Price) hereunder with regard to the License, all of Licensor's right, title and interest in the License will upon payment of the purchase price (or alternatively the Option Price) immediately become vested in Licensee (or such other entity designated by Licensee) without any further action on the part of Licensor. The requirements outlined above under clauses (A) – (C) above are conditions precedent for exercising this Call Option.*

(iii) *If Licensor and Licensee cannot reach agreement on the purchase price in accordance with sub-paragraph (i) above, the purchase price applicable under the Call Option will be the net present value of the following (the "Option Price"): [...] percent ([...] %) of the estimated cash flow (the "Cash Flow") derived from the worldwide distribution and exploitation of any and all rights to the License during the [...] ([...]) year period commencing on the date of exercise of the Call Option (the "Determination Date"), after first deducting from the Cash Flow (A) an imputed [...] percent ([...] %) distribution fee, (B) any applicable taxes, (C) any contingent compensation (however denominated) applicable to the License as reflected in the third party participation statements and (D) Licensee's share of any such cash flow under the terms hereof. The discount rate used in the net present value calculation shall be a rate equal to the one year US$-LIBOR rate on* *the Determination Date (as stated in The Wall Street Journal, or if not available, Reuters) plus […] percent ([…] %) per annum. If a dispute arises between the parties as to the amount or calculation of the Option Price in accordance with this sub-paragraph, the parties shall retain (at their shared expense) a mutually agreed independent valuation expert. If the parties cannot agree on one such expert within ten (10) business days, they shall each choose one expert and then the two experts shall choose a third independent expert whose determination shall be binding.*

(b) *Notwithstanding the foregoing Call Option provisions, Licensor has the right to sell, transfer, grant, convey or assign all or a portion of its right, title and interest to the License at any time in connection with a proposed liquidation or dissolution of Licensor or for any reason after the Call Option Period, subject to the terms and conditions of this subparagraph (b). In connection with any proposed sale, transfer, grant, conveyence or assignment Licensor shall give written notice to Licensee of Licensor's intention to sell, transfer, grant, convey or assign its right, title and interest in the License ("Transfer Notice"). Upon delivery of the Transfer Notice by Licensee, if Licensee desires to purchase such rights, then Licensor shall enter into good faith negotiations with Licensee for a period of ten (10) business days after delivery of the Transfer Notice regarding the terms of Licensee's purchase of all of Licensor's right, title and interest in the License. If the parties cannot reach agreement on the purchase terms within such 10-business-day period, Licensee shall provide to Licensor in writing its "last best offer" for such purchase terms. Thereafter, Licensor shall have the right to sell to Licensee all of Licensor's right, title and interest in the License on the terms of such last best offer for a period of ninety (90) calendar days or Licensor may sell all or a portion of such right, title and interest to a third party. In the event that Licensor receives a bona-fide offer from a third party to acquire any or all of Licensor's rights in or to the License (an "Offer") Licensee shall have the right for a period of five (5) business days after presentation of the Offer to Licensee to acquire all rights of Licensor which are subject to the Offer on the same terms and conditions as the Offer with the exception that the financial consideration payable by Licensee shall be […] percent ([…] %) higher than the financial consideration payable under the Offer. If Licensee does not exercise such last refusal right within such five (5)-business-day period by paying and performing in full the terms of the Offer plus the additional financial consideration payable, then Licensor may accept such Offer from such third party. The foregoing provisions shall again apply to subsequent third-party offers if the transaction with the third party making the Offer is not consummated, and with respect to any rights of Licensor in the License which are not sold or assigned to such third party.*

11. Sicherung des Projektfortschrittes

174 Neben den *change requests* ist bei Projektverträgen die Sicherung des Fortschrittes eines Projekts essentiell, soll der Vertrag nicht aus dem Ruder laufen. Um hier als Auftraggeber den Überblick zu behalten und Gefahren des Verzugs rechtzeitig zu erkennen, bietet sich beispielsweise die folgende Formulierung an, die nach deutschem Sechserraster bei der Leistungssicherung oder der Vertragsdurchführung zu finden wäre:

175 *Project Planning*

The SUPPLIER shall provide the PRINCIPAL, immediately after the Contract is signed and in any event within 14 calendar days, with a project plan or assembly sequence plan from which the future date of completion and/or delivery of the Delivery Item can be deduced for each calendar week, and shall report any changes to the PRINCIPAL without delay (unverzüglich) in writing.

The SUPPLIER shall regularly notify the PRINCIPAL every 28 calendar days in writing – without being requested to do so – of the precise state of completion and/or production of the Delivery Item at the time (in the following referred to as „Progress Report"). The Progress Reports shall also comprise details of any events affecting the completion and/or production of the Delivery Item and any description of defects/accidents. On request, the SUPPLIER shall provide the PRINCIPAL with a written interim report within 3 calendar days.

After prior notification, the PRINCIPAL is entitled to visit the SUPPLIER's production facility during normal working hours to check on the progress being made with the work on the Delivery Item to be supplied. Such inspection will not in any way release the SUPPLIER from any of its obligations under this Contract.

The PRINCIPAL shall be provided with and be granted unrestricted access to all information that is objectivly necessary. Information that (i) derives independent economic value from not being generally known to, and not being readily ascertainable by proper means by, other persons, and (ii) has been marked as „Confidential" by SUPPLIER shall be considered an exclusive Business Secret of SUPPLIER. Business Secrets shall only be used by PRINCIPAL for the purpose of this Contract and shall be kept confidential. After the termination of the collaboration these Business Secrets are to be returned to the SUPPLIER immediately without prior request.

12. Termination

176 Parteien können Verträge ordentlich oder außerordentlich kündigen. Eine ordentliche Kündigung ist nur zu den vertraglichen vorgesehenen oder ggf. gesetzlich vorgeschriebenen Fristen möglich, eine außerordentliche nach deutschem Recht auch unabhängig hiervon. Sie setzt aber nach § 314 BGB regelmäßig eine Abmahnung oder einen fruchtlosen Ablauf einer angemessenen Nachfrist voraus. Mitunter besteht aufgrund zwingender gesetzlicher Vorgaben im deutschen Recht keine Notwendigkeit,

einen ordentlichen Beendigungstermin vertraglich festzulegen; gleiches gilt vielfach für eine vertragliche Regelung unter deutschem Recht zu den Voraussetzungen einer außerordentlichen Kündigung, wenn die Fortsetzung des Vertrags bis zum ordentlichen Beendigungstermin einer Partei unzumutbar ist (*cannot reasonably be expected to continue fulfilment of this Agreement*).

Gleichwohl ist es sinnvoll, wenn die Parteien auch in einem deutschem Recht unterstellten Vertrag die Voraussetzungen und Formalia beider Kündigungsformen konkretisieren. Die offenen, von der Rechtsprechung entwickelten Kriterien der Angemessenheit einer Nachfrist[1] oder der Unzumutbarkeit der Fortsetzung des Vertrags bis zu seinem ordentlichen Beendigungstermin sind hinreichend offen, als dass die Parteien nicht für sich festlegen könnten und sollten, wann sie vom Vorliegen entsprechender Voraussetzungen einer nicht-ordentlichen Beendigung des Vertrags ausgehen. 177

Wie das deutsche Recht prinzipiell Abmahnung und Fristsetzung erforderlich macht, so kennt auch das Common Law für Voraussetzungen einer außerordentlichen Kündigung Regelungen zur *cure period*. Sie gibt der einen Partei Gelegenheit, eine von der anderen Partei nach bestimmten Formalia gerügte Vertragsverletzung innerhalb einer festgelegten Frist zu heilen[2]. Findet sich eine entsprechende Regelung, so hat der Vertragspartner, der die Verletzung vertraglicher Regelungen rügt, erst nach fruchtlosem Ablauf dieser Frist das Recht, weitere Maßnahmen – regelmäßig die außerordentliche Kündigung, mitunter auch die Möglichkeit der Selbstvornahme – zu ergreifen. 178

Auch eine beispielhafte Erwähnung der Gründe für eine außerordentliche Kündigung ist in Verträgen nach dem Common Law häufig zu finden.

Begriffe für eine außerordentliche Kündigung sind: 179

› *termination without notice*
› *termination for cause*
› *termination for good cause*
› *termination with immediate effect*

Liegen die Voraussetzungen für eine außerordentliche Kündigung nicht vor, ist der Vertragspartner, soweit vertraglich vereinbart, auf die ordentliche Kündigung (*termination with notice/termination for convenience*) angewiesen, zu deren Wirksamkeit es abermals auf Formalia – wie etwa bestimmte Formen, Fristen und Zugangsregelungen – ankommen kann.

---

1 Vgl. hierzu beispielhaft zuletzt für § 323 BGB: OLG Karlsruhe, NJW-RR 2012, 504.
2 Siehe hierzu Beispiel in Rz. 117.

180 Eine Trennung in die einzelnen Formern der *termination with immediate effect* nimmt nachfolgende Klausel vor, die in Ziffer 1 Regelungen zu einer außerordentlichen Kündigung mit, in Ziffern 2 und 3 ohne Fristsetzung enthält:

Either Party may terminate this Agreement with immediate effect, in whole or in part, by written notice to the other Party in the event that the other Party:

1. materially breaches one or more of its obligations under this Agreement and:

    a. such breach, is not remedied within two (2) attempts[1], within a maximum of ninety (90) calendar days[2] after written notice from the dissolving Party requiring such breach to be remedied;

    b. an amount due and payable is not paid sixty (60) calendar days[3] after expiry of the agreed period for payment, provided that the Party entitled to payment has given written notice of expiry of the agreed payment period to the other Party, except in the event of specific disputes;

2. ceases to pay its debts, becomes insolvent or an order is made or a resolution is passed for the liquidation, administration, winding-up or dissolution of the other Party (other than for the purposes of a solvent amalgamation or reconstruction) or an administrative or other receiver, manager, liquidator, administrator, trustee or similar officer is appointed to administer all or any substantial part of the assets of the other Party or the other Party requests for a moratorium, enters into or proposes any composition or arrangement with its creditors generally, or anything analogous to the foregoing arises in any applicable jurisdiction;

3. directly or indirectly comes under the control of a third party or enters into a legal merger with such third party, and such acquisition of control or merger harms or may harm the interests of the first mentioned Party to such extent that the first mentioned Party cannot reasonably be expected to continue fulfilment of this Agreement.

13. Rechtsfolgen einer Kündigung

181 Mitunter kann sich aus zwingenden gesetzlichen Vorschriften auf Basis des Verhältnismäßigkeitsprinzips eine Pflicht des Kündigenden ergeben, dem anderen Vertragsteil eine angemessene Frist zur Umstellung seines Betriebes einzuräumen und während dieses Zeitraums eine Wei-

---

1 Sehr großzügige Regelung, einer Partei zwei Versuche, den Vertragsbruch zu heilen, einzuräumen.

2 Auch diese Frist erscheint sehr lang.

3 Hier wird erkennbar, dass derjenige diese Klausel erstellt hat, dem die Erbringung der vertragscharakteristischen Hauptleistung obliegt. Andernfalls wäre die Differenzierung in eine außerordentliche Kündigung nach 90 Kalendertagen für die Sachleistung und eine fristlose Kündigung bei Verzug der Geldleistung von 60 Kalendertagen in dieser Klausel so vermutlich nicht vorgenommen worden.

terbelieferung fortzusetzen[1]. Häufig wird dies jedoch nicht der Fall sein. Hier ist eine vertragliche Regelung sinnvoll. Denn wenn Partner sich trennen, ist die Bereitschaft, kooperativ die letzten Schritte in der Vertragsbeziehung zu gehen, naturgemäß gering – sei es aus Frustration oder wegen mangelnder vertraglicher Sanktionsmöglichkeiten. Die im Vorfeld zu klärenden Rechtsfolgen einer Kündigung können sich etwa auf Fragen der Vertragsabwicklung von Dauerschuldverhältnissen beziehen, auf Rückgabepflichten oder auf Bindungen zwischen den Parteien, die auch nach Beendigung fortgelten oder – wie etwa nachvertragliche Wettbewerbsverbote – erst in Kraft treten sollen.

a) Nachbestellung

Das Recht einer Nachbestellung trotz Kündigung enthält etwa folgende Klausel: 182

In case Supplier terminates this Agreement with notice in parte or toto, Purchaser is entitled to a Last-Time-Buy-Right. Such Last-Time-Buy-Right shall mean Purchaser's right to submit a final order to Supplier for the Products being affected by the termination. This final order shall be made no later than and including the date of expiry of the Agreement. Supplier shall accept orders under the Last-Time-Buy-Right up to the quantities and the prices set out in the recent Quantity Contract.

b) Bestehende Bestellungen

Für bereits während der Laufzeit des Vertrags bestätigte Bestellungen findet sich in Verträgen etwa folgende Klausel: 183

Any individual purchase agreement entered into between the Parties during the term of this agreement which has not yet been fulfilled shall remain unaffected by a termination of this Agreement with notice and the Agreement shall remain in full force and effect for such individual purchase agreement. Seller's termination of this Agreement without notice shall also terminate individual purchasing agreements entered into between the Parties during the term of this agreement which have not yet been fulfilled unless and to the extent Seller notifies Purchaser otherwise in Seller's termination notice.

c) Aufbrauchsfristen

Soweit der Käufer unter einer Lizenz Güter vom Verkäufer erworben oder diese unter Verwendung einer Lizenz hergestellt hat, besitzt er regelmäßig ein starkes Interesse daran, diese Produkte auch nach Beendigung weiterhin verkaufen zu können.   184

For the duration of three months after the end of the agreement, Licensor grants Licensee the right to sell goods manufactured using the License. For

---

1 Zuletzt BGH, NJW 2012, 2010 (2012) im Zusammenhang mit § 20 Abs. 2 GWB.

the avoidance of doubt, such right does not include manufacturing of goods using the License after the end of the agreement. Any such goods sold after the end of this agreement are subject to the royalty provisions of section [...] which shall remain unaffected by the end of this agreement.

d) Rückkaufsrecht oder -pflicht

185 Will der Verkäufer nicht, dass sein bisheriger Vertragspartner nach Beendigung die (lizenzierten) Güter weiterhin verkauft, kann er eine Rückkaufsoption vereinbaren.

Upon written notice Seller is entitled to purchase all remaining stock of goods at the end of the agreement pursuant to the terms of this section.

186 Umgekehrt mag der Käufer nach Ende der Vertragslaufzeit kein Interesse mehr haben, die Vertragsprodukte weiterhin auf Lager zu haben respektive verkaufen zu müssen. Hier kommt ein Recht des Käufers in Betracht, die Waren wieder dem Verkäufer zu veräußern.

Seller shall purchase all remaining stock of goods at the end of the agreement pursuant to the terms of this section.

e) Fortgeltung von Regelungen

187 Neben der Fortgeltung bestimmter vertraglicher Regelungen im Rahmen von bereits platzierten Bestellungen oder einer Aufbrauchsfrist kann eine Kündigung etwa die Frage aufwerfen, ob und wenn ja welche Klauseln eines Vertrags auch nach seiner Beendigung fortgelten. Hierbei kann es sich etwa um Regelungen der Vertraulichkeit, von Verwertungsverboten oder der dauerhaften und damit auch nach Beendigung wirksamen Einräumung von Nutzungsrechten an gewerblichen Schutzrechten handeln. Dies ist entweder in der jeweiligen Klausel des Vertrags oder gesondert in einer *Survival Clause* festzuhalten. Für eine eigenständige Regelung spricht die Übersichtlichkeit, dagegen, dass man leichter übersehen kann, einzelne Klauseln in diesen Passus aufzunehmen.

This Section, Section [...][1] and each and every one of the representations and warranties made by the Parties herein shall survive the term of this Agreement and shall continue in full force and effect after expiration or termination of this Agreement whether by operation of law or otherwise.

---

1 Hier sind Verweise auf Regelungen zu Vertraulichkeit und Verwertungsverboten vertraulicher Informationen oder eine Lizenzgewährung denkbar, die nach dem Vertrag (und deshalb auch nach seiner Beendigung) dauerhaft fortbestehen sollen.

14. Zustellung und Empfang

US-Recht kennt keine dem deutschen entsprechenden Zugangsregelungen oder -fiktionen[1]. Insbesondere um Fristen in Lauf zu setzen, aber auch für sonstige Mitteilungen, sollte der Vertrag Klauseln enthalten, die Fragen des Zugangs von Erklärungen beinhalten. Auch ist festzulegen, in welcher Sprache Erklärungen abzugeben sind: Denn die bloße Verwendung einer Sprache bei der Vertragsverhandlung und -abfassung ist hierfür zumindest dann, wenn der englischsprachige Vertrag deutschem Recht unterstellt ist, nicht ausreichend[2]. Vielmehr begründet weder Englisch als Weltsprache noch eine Verhandlung auf Englisch nach dem Verständnis deutschen Rechts die Obliegenheit einer Partei, Erklärungen auch in dieser Sprache in Empfang zu nehmen[3]. In US-amerikanischen Verträgen finden sich zudem häufig absurd kurze Fristen, die auf eine Zustellung innerhalb der USA zugeschnitten sind. Trotz des raschen Postlaufs zwischen den Kontinenten sind diese Fristen jedoch für deutsche Vertragspartner in der Praxis nicht hinnehmbar. Da auch der US-amerikanische Vertragsteil von einer entsprechend kurzen Frist betroffen sein kann, ist dieser Punkt erfahrungsgemäß gut zu verhandeln. Alternativ ist an eine Versendung per Fax mit anschließender Bestätigung zu denken, die jedoch dann nicht weiterhilft, wenn der Empfänger den Erhalt nicht bestätigt, so dass im Krisenfall die postalische Versendung mit Zustellungsnachweis vorzuziehen ist.

188

Eine klassische Regelung zum Empfang von Mitteilungen in US-amerikanischen Verträgen lautet etwa:

189

All notices, requests, demands, claims, and other communications under this Agreement shall only be valid if in English and writing. Any notice, request, demand, claim or other communication under this Agreement with respect to any alleged breach of this Agreement or the alleged termination of this Agreement shall be deemed duly delivered (a) four (4) business days after it is sent by registered or certified mail, return receipt requested, postage prepaid, or (b) one (1) business day after it is sent for next business day delivery via a reputable nationwide overnight courier service, in each case addressed to the intended recipient as set forth below. Any other form of notice, request, demand, or other communication between the Parties shall be deemed duly delivered one (1) business day after it is sent (i) for next business day delivery via a reputable nationwide overnight courier service, (ii) via electronic facsimile transmission, with confirmation of delivery, or (iii) via electronic mail communications, with electronic verification of delivery requested, in each case addressed to the intended recipient as set forth below:

---

1 *Döser*, JuS 2000, 663 (664 f.).
2 MüKo-BGB/*Spellenberg*, VO (EG) 593/2008 Rz. 67 ff.
3 MüKo-BGB/*Spellenberg*, VO (EG) 593/2008 Rz. 66 f.

if to Seller, to: [...]

if to Purchaser, to: [...]

or at such other address for a Party as shall be specified by like notice.

15. Schlussbestimmungen

190 Wie zum Vertragsaufbau dargestellt[1], enthalten die Schlussbestimmungen englischer Verträge (*Tertiary Provisions/Boilerplate*) regelmäßig Regelungen der Schriftform, zur höheren Gewalt, der Wirkung eines Verzichts, eine salvatorische Klausel, das Verhältnis der Parteien unter einander, zur Abtretung, zur Kostentragung und der Interpretation des Vertrags, von Gerichtsstand und Rechtswahl sowie einer bereits angesprochenen Klausel zu Mitteilung und deren Zugang. Im klassischen Sechserraster deutscher Vertragsgestaltung sind Teile dieser Regelungen (etwa zur Abtretbarkeit oder zu höherer Gewalt) im Rahmen der Sicherung der Leistung zu behandeln, der überwiegende Teil ebenfalls in den Schlussbestimmungen.

191 Auch wenn die häufig für *Tertiary Provisions* ebenfalls verwendete Formulierung *Miscellaneous* (Verschiedenes) nahelegt, dass unter diesem Abschnitt keine relevanten Regelungen zu finden sind, enthalten sie wesentliche Bestimmungen – etwa zur Rechtswahl und dem zuständigen Gericht. Die Vertragsparteien sollten diesem Teil des Vertrags mithin dieselbe Aufmerksamkeit widmen wie der restlichen Vereinbarung, auch wenn sie möglicherweise bereits durch eine Vielzahl vorangestellter Regelungen insbesondere in US-amerikanischen Verträgen beim Lesen ermattet sind.

a) Schriftformerfordernis – Written Form and Amendments

192 Wesentliche sprachliche Änderungen zu üblicherweise in deutschen Verträgen formulierte Schriftformerfordernisse[2] ergeben sich nicht. Erheblich ist allerdings für die Praxis, dass bei der Auslegung eines Vertrags unter Common Law nicht auf vorvertragliches Verhalten abgestellt werden kann[3], während im deutschen Recht lediglich die Vermutung der Vollständigkeit schriftlicher Verträge gilt[4]. Zu beachten ist darüber hinaus, dass im deutschen Recht auch im Verkehr zwischen Unternehmen vom Verwender vorformulierte und nicht verhandelte Schriftformerfordernisse in Bezug auf Vertragsänderungen zulasten der anderen Vertragspartei unwirksam sind[5], so dass insbesondere der anderen Partei nicht der Nachweis abgeschnitten werden kann, der Inhalt des Vertrags

---

1 Rz. 86.
2 Vgl. allg. *Kochinke* in Heussen, Handbuch, Teil 9.1 Rz. 47 ff.
3 *Nordmeier*, VersR 2012, 143 (145).
4 *Heussen* in Heussen, Handbuch, Teil 2 Rz. 228.
5 Vgl. nur BGH NJW 2001, 292; NJW-RR 1997, 1513; NJW 1995, 1488.

habe sich durch konkludentes Handeln oder mündliche Abrede verändert[1]. Auch in diesem Fall gehen Individualabreden, auch wenn sie
konkludent getroffen wurden, nach § 305 Abs. 2 BGB vor[2]. Anders etwa
Englisches Recht, das aufgrund seiner Orientierung am Wortlaut, der
geringen Bedeutung des Rechts der Formularverträge und einer Vermutung der Vollständigkeit einer Regelung deutlich restriktiver ist[3].
Trotz der regelmäßigen Verwendung einer entsprechenden Klausel ist
hier also Vorsicht geboten, da sie sich zulasten des Verwenders auswirken kann, der an die von ihm gewählte Formulierung gebunden bleibt.

This Agreement including its Annexes constitutes the entire agreement be-
tween the Parties with respect to its subject matter and supersedes all prior
negotiations, understandings and agreements relating to it, whether express
or implied, written or oral (except as expressly provided in this Agreement).
This Agreement may only be added to or modified or amended in writing
signed by each of the parties. This shall also apply to any amendment of this
written-form requirement.

b) Verzicht – Waiver

Insbesondere im US-Recht verbietet sich ein kulantes Verhalten, da dies 193
als Verzicht von Rechten aufgefasst werden kann[4]. Die nachfolgende
Klausel soll verhindern, dass eine Partei durch schlüssiges Handeln –
auch aufgrund von Kulanz unter dem Aspekt des ehrbaren Geschäfts-
mannes – ihrer Rechte verlustig geht. Sehr restriktiv ist hingegen die
Auffassung deutscher Gerichte zu einem konkludenten Verzicht[5], so
dass es regelmäßig einer entsprechenden Klausel in deutschem Recht
unterstellten Verträgen nicht bedarf.

No waiver of any provision of this Agreement, or consent to any departure
from the terms of this Agreement, shall be effective unless the same shall be
in writing and signed by the Party waiving or consenting thereto. No failure
on the part of any Party to exercise, and no delay in exercising, any right or
remedy under this Agreement shall operate as a waiver thereof, nor shall any
single or partial exercise of any such right or remedy by such Party preclude
any other or further exercise thereof or the exercise of any other right or rem-
edy. The waiver by any Party to this Agreement of a breach of any provision of
this Agreement shall not operate as a waiver of any subsequent breach. All
rights and remedies under this Agreement are cumulative and are in addition
to, and not exclusive of, any other rights and remedies provided by law.

---

1 *Kötz*, AnwBl. 2010, 1 (4).
2 BGH NZM 2008, 931 f.
3 *Kötz*, AnwBl. 2010, 1 (4 f.).
4 *Kochinke* in Heussen, Handbuch, Teil 9.1 Rz. 115.
5 Vgl. Darstellung bei BGH, NZG 2012, 1342 (1344 Rz. 22 m.w.N.).

c) Konkurrierende Ansprüche – No Election of Remedies

194 Diese Klausel dient ebenfalls dazu, die Rechtsverkürzung zu Lasten einer Partei zu verhindern, wenn diese lediglich aus einer Anspruchsgrundlage gegen die andere Partei vorgeht. Dies ergibt sich nach deutschem Verständnis regelmäßig ohnehin aufgrund der restriktiven Annahme eines Verzichts auch bei einer Konkurrenz der Ansprüche.

Except as otherwise specifically provided in this Agreement, the rights and remedies accorded in this Agreement to PURCHASER and SELLER are cumulative and in addition to those provided by law, and may be exercised separately, concurrently, or successively.

d) Salvatorische Klausel – Severability

195 Es handelt sich um eine allgemein übliche Klausel, die so auch in deutschen Verträgen stehen könnte. Sie dient im deutschen Recht dazu, die Vermutung der Gesamtnichtigkeit eines Vertrags nach § 139 BGB im Fall einer Teilnichtigkeit einzelner Vertragsklauseln zu entkräften.

If any provision of this Agreement is found invalid or unenforceable by an arbitrator or court of competent jurisdiction, this shall not affect the remaining provisions of this Agreement.

Soweit ein Individualvertrag vorliegt, enthält im deutschen Recht eine entsprechende Klausel darüber hinaus Regelungen zur geltungserhaltenden Reduktion unzulässiger oder undurchführbarer Klauseln. Die Beschränkung einer Klausel auf das gesetzlich Zulässige ist in Formularverträgen – auch im unternehmerischen Verkehr – nach deutschem Recht jedoch nicht möglich[1], eine entsprechende Ergänzung nachstehender Klausel danach unter deutschem Recht unwirksam, möglicherweise auch unabhängig von einer individual- oder formularvertraglichen Regelung nach dem Recht einzelner Staaten des Common Law, da die Klausel dort nicht hinreichend konkret die Rechtsfolgen beschreibt[2].

If any provision of this Agreement is found invalid or unenforceable by an arbitrator or court of competent jurisdiction, such provision shall be enforced to the maximum extent permissible by law and the other provisions of this Agreement shall remain in full force and effect. The same shall apply in case of mutually unintentional omissions or gaps in the Agreement.

e) Verhältnis der Parteien zu einander – Relationship of the Parties

196 Auch deutsche Verträge kennen Regelungen zum Verhältnis der Parteien untereinander. Sie besitzen allerdings nach deutschem Recht nur

---

1 Zur geltungserhaltenden Reduktion von Formularklauseln vgl. *Uffmann*, NJW 2012, 2225.
2 Für eine auch diesen Teil abdeckende Klausel in Verträgen *Döser*, JuS 2000, 663 (664).

geringe Aussagekraft, da es stets auf die tatsächliche Ausgestaltung eines Vertragsverhältnisses ankommt. Insbesondere Feststellungen zum Nicht-Bestehen eines Arbeitsverhältnisses, eines Arbeitnehmerüberlassungsverhältnisses, einer GbR, zwingender handelsvertreterrechtlicher Regelungen und deren entsprechende Anwendung auf Vertragshändler vermag diese Klausel nach deutschem Recht nicht auszuschließen.

This Agreement shall not constitute either Party the agent or legal representative of the other Party for any purpose whatsoever, and neither Party shall hold itself out as an agent of the other Party. This Agreement creates no relationship of joint venturers, partners, associates, employment, or principal and agent between the Parties, and both Parties are acting as independent contractors. Neither SELLER nor PURCHASER is granted in this Agreement any right or authority to, and shall not attempt to, assume or create any obligation or responsibility for or on behalf of the other. Neither SELLER nor PURCHASER shall have any authority to bind the other to any contract, whether of employment or otherwise, and SELLER and PURCHASER shall bear all of their respective expenses for their operations, including the compensation of their employees and the maintenance of their offices and service facilities. SELLER and PURCHASER shall each be solely responsible for their own employees and salespeople and for their acts and the things done by them.

f) Kosten und Aufwendungen – Costs and Expenses

Except as expressly stated otherwise in this Agreement, each Party shall bear its own costs and expenses of performance of this Agreement. 197

g) Höhere Gewalt – Force Majeure

Wie oben ausgeführt, sind Regelungen zur Höheren Gewalt in Common 198
Law unterstellten Verträgen allgemein üblich. Hierbei ist zu beachten, dass die in einer *Force Majeure* Klausel enthaltenen Umstände, die eine Leistungsverweigerung begründen können, weiter sind als die von einem *Act of God* Umfassten. Letztere enthalten ausschließlich Naturkatastrophen, nicht jedoch z.B. Streiks, die in einer *Force Majeure* Klausel regelmäßig enthalten sind[1]. Wesentlich ist insoweit wie bei allen vertraglichen Regelungen, was die Parteien als Elemente Höherer Gewalt definieren oder – im Lichte der §§ 305 BGB – definieren können.

Angesichts der Weite des Begriffs des Wegfalls der Geschäftsgrundlage im deutschen Recht ist auch bei Anwendung deutschen Rechts empfehlenswert, eine Klausel zur Höheren Gewalt aufzunehmen, um insoweit die Vorstellungen der Parteien über Risiken der Vertragsabwicklung klarzustellen.

No Party shall be liable for failure to perform any of its obligations under this Agreement when such failure is due to fire, flood, strikes, labor troubles or

[1] *Triebel/Balthasar*, NJW 2004, 2189 (2191).

other industrial disturbances, legal restriction, riot, insurrection, or any other cause beyond the reasonable ability of the Party affected thereby to control, and without such Party's fault or negligence ("<u>Force Majeure</u>"), provided that any Party claiming the existence of Force Majeure shall give notice to the other Party not more than seven (7) calendar days after the commencement of the event of Force Majeure, and shall use prompt and diligent efforts to mitigate the effects of Force Majeure. In the event that any event of Force Majeure prevents performance by a Party for sixty (60) calendar days or more, the other Party may terminate this Agreement for cause upon written notice to the non-performing Party.

h) Vertragsunterlagen und Unterschriften – Counterparts

199 Soweit die Parteien nicht auf ein und demselben Schriftstück unterzeichnen, spricht man von *counterparts*. Eine entsprechend getrennte Unterzeichnung ist für das Zustandekommen eines Vertrags ausreichend[1], wenn die Parteien eine diesbezügliche Regelung aufgenommen haben.

This Agreement and all Exhibits, Schedules and Appendices may be executed in two or more counterparts, all of which shall be considered one and the same agreement and shall become effective when two or more counterparts have been signed by each Party and delivered to the other Party, it being understood that all Parties need not sign the same counterpart. Facsimile execution and delivery of this Agreement and any Exhibits, Schedules, and Appendices by any of the Parties shall be legal, valid, and binding execution and delivery of such document for all purposes.

i) Vertragseintritt und Abtretbarkeit – Benefits and Burdens; Assignments

200 Auch im deutschen Recht in ähnlicher Form vorzufinden, kann diese Klausel im Hinblick auf die Abtretungsregelungen des HGB nach deutschem Recht bei Leistung des Schuldners an den bisherigen Gläubiger nach § 354a HGB im Einzelfall unbeachtlich sein. *Qua lege* hat darüber hinaus nach dem Verständnis deutschen Rechts eine Gesamtrechtsnachfolge automatisch den Eintritt einer anderen Partei in den Vertrag zur Folge, so dass es eines entsprechenden Hinweises in deutschem Recht unterstellten Verträgen nicht bedarf[2].

This Agreement shall be binding upon and shall inure to the benefit of each of the Parties as well as their respective legal representatives, successors, and permitted assigns. This Agreement shall not be assignable or transferable, by operation of law or otherwise, by PURCHASER without the SELLER's written consent at SELLER's sole discretion. SELLER or its permitted assignee(s) may as-

---

1 *Kochinke* in Heussen, Handbuch, Teil 9.1 Rz. 105.
2 Zu Abtretungsverboten im internationalen Kontext vgl. *Kieninger* in Ferrari/Kieninger/Mankowski et al., FactÜ, Art. 6 Rz. 2.

sign this Agreement (i) in whole or in part to an Affiliate of SELLER; or (ii) in whole to a third party who acquires all or substantially all of the assets of SELLER or of the assets of the business of SELLER to which this Agreement relates; or (iii) in whole to any successor to SELLER by merger or consolidation; provided in each case SELLER agrees in writing to assume the assigning Party's obligations under this Agreement. Any attempt to assign or transfer this Agreement or any portion thereof in violation of this Section shall be void.

j) Interpretation

Aufgrund der gegenüber dem Civil Law abweichenden Interpretations- 201
ansätze des Common Law vereinbaren die Parteien regelmäßig in englischen Verträgen, wie einzelne Regelungen und in welchem Umfang generell der Vertrag auszulegen ist. Gut an einer entsprechenden Klausel ist, dass sie die eingegangenen Verpflichtungen weiter klärt und verhindert, dass im Streitfall ein Dritter – regelmäßig ein Gericht – den Parteien bestenfalls erklärt, schlimmstenfalls oktroyiert, was sie bei Abfassung des Vertrags eigentlich gewollt haben. Soweit eine entsprechende Klausel im Rahmen von Formularverträgen eingesetzt wird, ist sie jedoch vermutlich unter verschiedenen Aspekten unwirksam[1].

When a reference is made in this Agreement to Sections or Exhibits, such reference shall be to a Section of or Exhibit to this Agreement unless otherwise indicated. References to Sections include subsections, which are part of the related Section (e.g., a section numbered "Section 2.1(a)" would be part of "Section 2.1", and references to "Section 2.1" would also refer to material contained in the subsection described as "Section 2.1(a)"). The recitals to this Agreement constitute an integral part of this Agreement[2]. Headings contained in this Agreement are for convenience of reference only and shall not affect in any way the meaning or interpretation of this Agreement. The language used in this Agreement shall be deemed to be the language chosen by the Parties to this Agreement to express their mutual intent, and no rule of strict construction shall be applied against any Party (e.g., ambiguities, if any, in this Agreement shall not be construed by default against either Party simply because one or the other Party is deemed to have drafted the provision at issue[3]). Whenever the context may require, any pronouns used in this Agreement shall include the corresponding masculine, feminine, or neuter forms, and the singular form of nouns and pronouns shall include the plural, and vice versa. Any reference to any federal, state, local, or foreign statute or law shall be deemed also to refer to all rules and regulations promulgated thereunder,

---

1 Siehe hierzu die nachfolgenden Anmerkungen in den Fußnoten.
2 Entgegen des allgemein üblichen Interpretationskanons des Common Law; vgl. Rz. 18.
3 Einschränkung der Frage, wer Verwender einer Klausel ist; nach deutschem Recht unwirksame Beweislastregel, wenn die Klausel tatsächlich von einer Partei vorgelegt und nicht verhandelt wurde; vgl. *Miethaner*, NJW 2010, 3121.

unless the context requires otherwise[1]. Whenever the words "include", "includes" or "including" are used in this Agreement, they shall be deemed to be followed by the words "but not limited to"[2]. No summary of this Agreement prepared by any Party shall affect the meaning or interpretation of this Agreement. All references to dollars in this Agreement shall be to United States Dollars[3].

202 Soweit ein Vertrag in mehr als einer Sprache abgefasst ist, müssen die Parteien darüber hinaus die Rangfolge der Vertragssprachen klären, um im Fall von Abweichungen der Vertragsversionen Missverständnisse über Inhalt und Umfang der vertraglichen Verpflichtungen zu vermeiden.

[This Agreement has been made in two languages. The German version of this Agreement is for convenience only.[4]] The Agreement shall be binding exclusively in its English version.

k) Rechtswahl – Choice of Law

203 Die Wahl des Rechts kann bei Verträgen, die über Landesgrenzen gehen, mit erheblichen Kosten für eine Vertragspartei verbunden sein und wird erfahrungsgemäß häufig unterbewertet. Die Argumente von Initiativen[5], deutsches Recht auch im Ausland zu fördern, können helfen, ausländischen Verhandlungspartnern deutsches materielles Recht schmackhaft zu machen. Eine Einigung, wonach jeweils das Gericht am Sitz des Beklagten sowie die dort anwendbare Rechtsordnung zur Entscheidung berufen sein soll, stellt zwar auf den ersten Blick eine faire Lösung dieses Konfliktes dar. Allerdings führt sie auf Seiten des jeweils klagenden Vertragspartners zu üblicherweise nicht überschaubaren Risiken, da er weder das Recht noch die Rechtsprechung kennt. Faktisch ist mit einer solchen Klausel für den potentiellen Kläger damit nicht mehr gewonnen, als wenn er sich gleich der ausländischen Rechtsordnung unterworfen hätte. Auch mag eine solche Klausel dazu führen, dass die Parteien ihren Obliegenheiten nicht umfassend nachkommen in der Gewissheit, dass für den anderen Vertragspartner eine Klage vor frem-

---

1 Vermutlich nach §§ 305 ff. BGB unzulässiger, weil intransparenter Nebensatz.

2 Nach der *lex speicalis* Regel, die nach dem Verständnis des Common Law auch auf Verträge insoweit Anwendung findet, würde andernfalls die speziellere Erwähnung die allgemeinen Regelungen ausschließen; vgl dazu *Daigneault*, S. 33; *Nordmeier*, VersR 2012, 143 (148 m.w.N. d. Rspr.).

3 Wichtige Klarstellung, da der Wert zwischen einzelnen Dollars (Kanada, Australien, etc.) divergieren kann.

4 Optional.

5 Vgl. zur Initiative der deutschen Wirtschaft zugunsten der Anwendung deutschen Rechts, AnwBl 2012, 825 und www.lawmadeingermany.de; in diese Richtung zugunsten bestehenden Rechts für Formularverträge nach deutschem Recht, *v. Westphalen*, BB 2013, 67.

den Gerichten unter Anwendung fremden Rechts unattraktiv ist, was die Leistungsbereitschaft beider Parteien verringern kann.

Wie ausgeführt, können englische Begriffe eine andere juristische Be- **204** deutung als deren deutsche Übersetzung haben. Um die Bedeutung eines Wortes in einer gewählten Rechtsordnung zu definieren, ist darüber hinaus zumindest bei Wahl deutschen Rechts festzulegen, nach welcher Rechtsordnung Begriffe zu verstehen sein sollen, will man nicht jeden englischen Rechtsterminus in Klammern mit dem den Parteien zugrundegelegten deutschen Begriff versehen.

This Agreement or any parts or words thereof shall exclusively be governed by and construed in accordance with the laws of the Federal Republic of Germany. [If this system of law refers to a foreign legal system, such references shall not be effective.[1]] If the English legal meaning or interpretation differs from the German legal meaning or interpretation, the German meaning and interpretation shall prevail. The terms of the Convention on Contracts for the International Sale of Goods (CISG) shall not apply.

Kann sich der in Deutschland ansässige Part mit seinen Vorstellungen **205** nicht durchsetzen, so ist zu bedenken, dass in Staaten, die kraft interlokalen Rechts unterschiedliche Rechtsordnungen innerhalb ihres Staatsgebietes haben, eine genaue Rechtswahl (z.B. *Laws of the State of California*) vorzunehmen ist, so etwa für Großbritannien oder die USA.

l) Gerichtsstand – Venue

Wie oben ausgeführt, wird bei Geschäftssitz von *(principal) place of busi-* **206** *ness* oder *registered office* gesprochen. Legen die Parteien als Erfüllungsort den Geschäftssitz einer Partei fest, so ist damit nach h.M. in der Bundesrepublik noch keine Wahl des zuständigen Gerichts getroffen[2], so dass die Vertragsparteien sich hier konkret einigen sollten[3].

Auch die Wahl des Gerichtsstands ist in der Praxis ein ganz wesentlicher Punkt; denn wenn etwas nicht geregelt ist, entscheidet das Gericht über seine Zuständigkeit. Fehlt es an einer Rechtswahl, so trifft es darüber hinaus die Entscheidung über die anwendbare Rechtsordnung. In jedem Fall sollte vermieden werden, dass ein Gericht nach dem materiellen Recht einer anderen Jurisdiktion entscheidet. Dies verzögert das Verfahren und treibt die Kosten in die Höhe – etwa durch Einschaltung von Gutachtern zu der fremden Rechtsordnung. Die in Verträgen teilweise zu findende Regelung, wonach jeweils das Gericht und die

---

1 Optional.
2 So auch unter Darstellung des Meinungsstreites OLG München, NJW-RR 2010, 139; vgl. aber zuletzt BGH, Urt. v. 7.11.2012 – VIII ZR 108/12.
3 Vgl. zuletzt unter Aspekten europarechtlicher Anerkennung der Zuständigkeit kraft Gerichtsstandsvereinbarung innerhalb der EU: EuGH, EuZW 2013, 60 und *Bach*, EuZW 2013, 56; außerhalb der EU: OLG Stuttgart, EuZW 2013, 80.

Rechtsordnung am Sitz des Beklagten zur Entscheidung berufen sein soll, hilft auch in diesem Fall – wie oben dargestellt – nicht weiter und ist für die Praxis nicht zu empfehlen.

207 In Verträgen mit lediglich einer Partei ist nach deutschem Recht ausreichend, eine einfache Gerichtsstandsklausel zu treffen, soweit eine Prorogation im Rahmen des § 38 Abs. 1 ZPO liegt.

The Parties submit to the exclusive venue of the courts of [...], Federal Republic of Germany. SELLER may, however, in its free discretion, bring action also before the courts at PURCHASER's place of business.

208 Diese Formulierung ist in allgemeinen Geschäftsbedingungen nach deutschem Recht jedoch regelmäßig nicht ausreichend, um einen gewillkürten Gerichtsstand zu begründen. Denn eine in allgemeinen Geschäftsbedingungen enthaltene Klausel, die nicht dem Wortlaut des § 38 Abs. 1 ZPO entspricht, ist selbst dann unwirksam, wenn sie gegenüber einem Kaufmann Anwendung findet[1], soweit diese allgemeinen Geschäftsbedingungen auch gegenüber Unternehmern i.S.d. § 14 BGB gelten. Eine wirksame Formulierung in allgemeinen Geschäftsbedingungen gegenüber Unternehmen muss für ihre Wirksamkeit danach am Wortlaut des § 38 ZPO orientiert sein.

Where Customer is a merchant ("Kaufmann"), a legal entity under public law ("juristische Person des öffentlichen Rechts") or a special asset under public law ("öffentlich-rechtliches Sondervermögen"), exclusive venue shall lie with the courts of [...]. The same shall apply where Customer's registered office is located outside the Federal Republic of Germany.

m) Schiedsverfahren – Arbitration

209 Eine sehr viel ausführlichere Regelung nach dem Recht des US-Staates New York enthält hingegen die folgende Passage zur *Submission to Jurisdiction; Venue; Waiver of Jury Trial*:

(a) Any legal action or proceeding with respect to this Security Agreement or any other Transaction Document may be brought in the courts of the State of New York, or of the United States for the Southern District of New York, and, by execution and delivery of this Security Agreement, each of Debtor and the Vendor hereby irrevocably accepts for itself and in respect of its property, generally and unconditionally, the jurisdiction of the aforesaid courts. Each of Debtor and the Vendor hereby further irrevocably consents to the service of process out of any of the aforementioned courts in any such action or proceeding by the mailing of copies thereof by registered or certified mail, postage prepaid, to Debtor or the Vendor, as applicable, at its address for notices set forth below, such service to become effective 30 days after such mailing or at such earlier time as may be provided under applicable law. Nothing herein shall affect the

---

1 LG Karlsruhe, NJW-RR 1997, 56 f.

right of Debtor or the Vendor to serve process in any other manner permitted by law or to commence legal proceedings or otherwise proceed against Company in any other jurisdiction.

(b) *Debtor hereby irrevocably waives any objection which it may now or hereafter have to the laying of venue of any of the aforesaid actions or proceedings arising out of or in connection with this Security Agreement or any other contract or agreement between the Vendor and the Debtor brought in the courts referred to above and hereby further irrevocably waives and agrees not to plead or claim in any such court that any such action or proceeding brought in any such court has been brought in an inconvenient forum.*

(c) *Debtor hereby irrevocably waives all right to a trial by jury in any action, proceeding, or counterclaim arising out of or relating to this Security Agreement, or any other contract or agreement between the Vendor and the Debtor or the transactions contemplated hereby or thereby.*

Alternativ kommt ein Schlichtungsverfahren in Betracht, für das eine 210 entsprechende Klausel lauten kann:

1. *If any dispute arises in connection with this Agreement or other agreements concluded within the context of the same, the responsible representatives of the parties shall attempt, in fair dealing and in good faith, to settle such dispute. If a party provides written notification to the other party that such attempt has failed, then each party shall promptly appoint in writing a senior representative duly authorized to resolve such dispute. Each party shall give notice of the appointment of such senior representative to the other party and such senior representatives shall try to reach an amicable settlement. If such senior representatives have not been appointed and/or are not able to reach an amicable settlement within a time period of 30 (thirty) calendar days after the appointment of the first senior representative or such other time period as the parties may agree in writing, then either party may, by written notification to the other party, require that the dispute be submitted for resolution pursuant to the following paragraph.*

2. *In the event that a dispute cannot be settled pursuant to the preceding sub-clause, the parties agree to submit the matter to settlement proceedings under the International Chamber of Commerce (ICC) ADR Rules. If the dispute has not been settled pursuant to said ADR Rules within 45 (forty-five) calendar days following the filing of the request for ADR or within such other period as the parties may agree in writing, each party may refer the dispute to arbitration pursuant to the following sub-clause.*

3. *All disputes in connection with this Agreement, which are not settled pursuant to the above two sub-clauses, including any question regarding the existence, validity or termination or any subsequent amendment of the Agreement or any Purchase Order, and all claims in connection with it in respect of which no dispute exists but which require enforcement, shall be finally settled in accordance with the ICC Rules of Arbitration. With regard to*

any dispute subject to this section the IBA Rules on the Taking of Evidence in International Commercial Arbitration of June 1, 1999 shall apply. The work product of an (outside or in-house) attorney and communication between an (outside or in-house) attorney and a client shall be subject to the privilege provided for in Article 9 section 2 of said IBA Rules and shall not be disclosed.

4. *If the value of the total matter in dispute, including the value of any counterclaims, is less than € 1 million, the tribunal shall consist of one arbitrator, and if the value of the total matter in dispute is € 1 million or more the tribunal shall consist of three arbitrators. If the parties cannot agree whether or not the value is less than € 1 million, the appointing authority shall decide on the number of arbitrators on written request by one of the parties. If the tribunal consists of one arbitrator, the appointment shall be effected as set forth in Article 8.3 of the ICC Rules of Arbitration.*

5. *If the tribunal consists of three arbitrators, each party shall nominate one arbitrator for confirmation by the ICC. Both arbitrators shall agree on the third arbitrator within thirty (30) days after their appointment. Each arbitrator nominated by a party shall use reasonable efforts to consult with such party with respect to the third arbitrator before agreeing on his/her nomination. Should the two arbitrators fail to reach an agreement on the third arbitrator within the thirty-day period, the ICC shall select and appoint the third arbitrator.*

6. *The seat of arbitration shall be London, UK. The procedural law of such seat of arbitration as applicable to international arbitration proceedings shall apply where the ICC Rules of Arbitration are silent.*

7. *The language to be used in the ADR and the arbitration proceedings shall be English.*

8. *Any party to this Agreement shall have the right to have recourse to and shall be bound by the Pre-arbitral Referee Procedure of the ICC in accordance with its respective rules.*

Kapitel 6
Übungen und Lösungen

1. Allgemeines

a) Welche Fragen zur Rechtsordnung sind in Verträgen mit im Ausland   211
ansässigen Partnern regelungsbedürftig?

  › Anwendbare Rechtsordnung;

  › Interpretation der Begriffe nach dieser Rechtsordnung, da mit der Rechtsordnung selbst nicht gesagt ist, dass in den Rechtsordnungen unterschiedlich auszulegende Begriffe auch nach dieser Rechtsordnung zu verstehen sind. Alternativ sind bei Wahl deutschen Rechts die deutschen Begriffe kursiv in Klammern zu setzen[1];

  › Gerichtsstand;

  › Darüber hinaus ist an Erfüllungsort[2], Sicherungsinstrumente[3] und etwaige Kosten der Leistungserbringung[4] zu denken, auch wenn diese die Frage der anwendbaren Rechtsordnung nicht unmittelbar betreffen, aber insbesondere bei grenzüberschreitenden Sachverhalten besondere Bedeutung besitzen.

b) Was zieht *including* im Englischen immer nach sich?

  › Einem *including* folgt immer *but not limited to* – entweder direkt im Satz oder aber in einer Klausel zur Interpretation, da andernfalls das Speziellere *including* das Allgemeine verdrängt[5].

c) Was ist bei der Formulierung *or* zu beachten?

  › Bei der wörtlichen Auslegung kann damit gemeint sein, dass nur alternativ eines von beiden bezeichneten Begriffen davon erfasst wird; möchte man dies vermeiden und auch kumulative Sachverhalte regeln, ist von *and/or* zu sprechen[6].

d) Worin besteht nach dem angelsächsischen Verständnis der Unterschied von (i) *may not* und *shall not*, (ii) *reasonable efforts* und *best efforts* (iii) *for* und *since*?

  › *may not* bezeichnet eine fehlende Berechtigung, aber auch eine fehlende Verpflichtung, *shall not* eine fehlende Berechtigung[7];

---

1 Rz. 43 ff.
2 Rz. 133.
3 Rz. 21.
4 Rz. 137.
5 Rz. 17.
6 Rz. 54.
7 Rz. 93, 96.

> *reasonable efforts* sind zumutbare Maßnahmen, *best efforts* können hingegen auch wirtschaftlich nicht sinnvolle Maßnahmen bis an die Grenze der Insolvenz umfassen[1];

> *for* beschreibt einen Zustand, der beendet ist, *since* einen Zustand, der noch andauert[2].

e) Mit welcher englischen Formulierung ist ein Fixgeschäft nach deutschem Verständnis verbunden?

> *Time (of performance) is of essence*[3].

f) Mit welchen Formulierungen lässt sich bei Verhandlungen mit Briten Ablehnung ausdrücken?[4]

> *Not at the moment*

> *I believe that this is not (…)*

> *I am afraid we cannot (…)*

> *Unfortunately I cannot accept (…)*

> *I would disagree (…)*

g) Welche Worte dienen im jeweiligen Kontext dem Vorrang[5] vor anderen Regelungen innerhalb des Vertrags, welche zeigen eine Nachrangigkeit[6] an?

> Für eine Vorrangigkeit, dessen Umfang sich nach dem jeweils damit zusammenhängenden Satz richtet, finden Anwendung: *notwithstanding (…)/irrespective of (…)/regardless of (…)/(…) shall remain unaffected/nothing shall be construed/interpreted as (…).*

> Eine Nachrangigkeit, die wiederum vom Umfang des damit im Zusammenhang stehenden Satzes beeinflusst wird, kommen folgende Formulierungen in Betracht: *without prejudice to (…)/subject to (…)/except where stated otherwise in this agreement.*

h) Wie sind Conditions aufgebaut?

> *When:* vorliegen einer bestimmten Situation – der Fall als Voraussetzung

> *if:* Eintritt eines bestimmten Ereignisses – die Bedingung als Voraussetzung

> *then* – die allgemeine Rechtsfolge

> *except* – die Ausnahme von der Rechtsfolge[7]

---

1 Rz. 101.
2 Rz. 131.
3 Rz. 127.
4 Rz. 33.
5 Rz. 107 ff.
6 Rz. 110.
7 Rz. 117.

i) Durch welche Mittel lässt sich eine Beweislastverschiebung erreichen?

> Allgemein durch positive und negative Formulierungen, im Beson-
deren durch *if* und *unless*, die – wie die Formulierung *under the proviso (...)* – eine Bedingung darstellen können, was den Bogen zu der
condition precedent und der *dissolving condition* schlägt. Ebenfalls
können Vermutungsregeln (*shall be deemed to ...*) oder Ausnahmen
(*exceptions* und *exemptions*) zur Umkehr der Beweislast führen[1].

j) Welche Formulierung drückt eine verschuldensunabhängige Haftung
aus, welche einen pauschalen Schadenersatz?

> *Strict liability* bezeichnet eine verschuldensunabhängige Haftung[2],
damages at large einen pauschalierten Schadenersatz; auch bei *liquidated damage* handelt es sich um einen pauschalierten Schadenersatz, der allerdings an die voraussichtliche Schadenshöhe an-
knüpft[3].

2. Wettbewerbsverbot

Übung: 212

Formulieren Sie ein Wettbewerbsverbot zugunsten des Lieferanten, verbunden mit einer exklusiven Abnahmeverpflichtung des Kunden für
Waren während der Laufzeit des Vertrags.

Lösung:

Vorüberlegungen: Nach deutschem und europäischen Kartellrecht sind
vertragliche Wettbewerbsverbote in einem Vertikalverhältnis zulässig,
wenn die beiden Vertragsparteien einen Marktanteil von jeweils unter
15 % besitzen[4]. Liegt der Marktanteil darüber, aber jeweils unter 30 %,
so können die Parteien ein Wettbewerbsverbot in Vertikalvereinbarungen eine Laufzeit von maximal fünf Jahren wirksam vereinbaren. Über
diese Laufzeit hinaus sind entsprechende Abreden nur zulässig, wenn
der Verkauf aus Räumlichkeiten, die der Verkäufer gemietet hat, oder
die ihm gehören, erfolgt[5] oder der Begünstigte nicht besondere, asym-
metrische und vertragsspezifische Investitionen getätigt hat, die er
amortisieren muss[6]. Eine auf unbestimmte Dauer eingegangene Pflicht
oder eine automatische Verlängerung des Vertrags gilt kartellrechtlich
als auf einen Zeitraum von mehr als fünf Jahren eingegangen. Liegt der
Marktanteil eines Beteiligten über 30 %, kommt es kartellrechtlich für

---

1 Rz. 113 ff.
2 Rz. 153 f.
3 Rz. 156.
4 Vgl. Bekanntmachung der Kommission über Vereinbarungen von geringer
Bedeutung, Abl. EG 2001, C 369/13 Rz. 7 lit. b.
5 Vgl. Art. 5 Abs. 2 VO 330/2010.
6 Vgl. Leitlinien der Kommission zu VO 330/2010; Abl. EG 2010, C 130/1
Rz. 107 lit. d.

die Wirksamkeit auf den Einzelfall an[1]. Der Umfang der Bindungen hängt in dann maßgeblich von den Marktanteilen der Beteiligten ab und muss zeitlich umso kürzer sein, je höher der Marktanteil der Beteiligten – insbesondere des Begünstigten – ist; Marktbeherrschung und Exklusivität jedenfalls vertragen sich meist nicht. Als Kernbeschränkung kartellrechtlich nach deutschem und europäischem Recht grundsätzlich immer verboten sind Wettbewerbsverbote zwischen (potentiellen) Wettbewerbern[2].

Hieraus folgen für die Formulierung eines Wettbewerbsverbotes folgende Konstellationen:

› Marktanteil beider Vertragsparteien jeweils unter 15 %:

For the duration of the agreement, buyer shall neither directly nor indirectly through entities controlled by buyer manufacture, purchase, sell or resell goods which compete with the contract goods. Seller furthermore shall purchase the contract goods exclusively from the supplier.

› Marktanteil zumindest eines Vertragspartners über 15 %, aber von beiden jeweils unter 30 %:

For a time of five (5) years[3], starting with the Effective Date of the Agreement, Buyer shall neither directly nor indirectly through entities controlled by Buyer manufacture, purchase, sell or resell goods which compete with the contract goods. Seller furthermore shall purchase the contract goods exclusively from the Supplier.

The Parties shall enter into good faith negotiations with a view of extending this provision for a maximum duration of another five (5) years at least fifty six (56) months after the Effective Date of the Agreement. Should the Parties not agree on such extension until the end of the fifty eighth (58) month after the Effective Date of the Agreement, Supplier in its sole discretion may terminate this Agreement with two month notice in writing. This sub-paragraph shall apply mutatis mutandis for any extension of this non-compete provision based on the process described in this sub-paragraph[4]. Where Purchaser has provided Buyer with equipment for the sale of the contract goods and Purchaser has terminated the Agreement pursuant to this sub-paragraph, the Parties shall enter into good faith negotiations with a view of Purchaser acquiring such equipment for a fair market value unless

---

1 Leitlinien der Kommission zu VO 330/2010; Abl. EG 2010, C 130/1 Rz. 152 ff., insbes. 167.
2 Vgl. Bekanntmachung der Kommission über Vereinbarungen von geringer Bedeutung, Abl. EG 2001, C 369/13 Rz. 11.1.
3 Nicht calendar year, weil ggf. über 5 Jahre liegen.
4 Nach den Leitlinien der Kommission zu VO 330/2010; Abl. EG 2010, C 130/1, (Rz. 66) darf nichts vorliegen, was den Abnehmer daran hindert, das Wettbewerbsverbot nach Ablauf der Fünf-Jahres-Frist zu beenden; andererseits wird man dem Veräußerer das Recht zubilligen dürfen, den Vertrag zu beenden, wenn der andere Vertragsteil nicht mehr exklusiv gebunden sein will.

such equipment specifically relates to the goods[1]. This sentence shall survive any termination based on this sub-paragraph for a duration of three months, starting with the date such termination becomes effective.

3. Umformulierung einer Audit Klausel

Übung:

213

Bitte formulieren Sie die nachfolgende Klausel zugunsten des Auditierten um.

Lösung:

Vorüberlegung: Art, Umfang, Person, Kosten und Ankündigung eines Audits sind in einer Klausel zu berücksichtigen. Zum Umfang und Einschränkungen der vorliegenden Audit Regelung folgende Vorüberlegungen. Spielraum für Verhandlungen ergeben sich hier an einer Vielzahl von Punkten, so z.B. in einer die Rechte des Auditierenden überbewertenden, der Ausgangsversion der Frage entsprechenden Formulierung:

Records; Audits. Licensee shall maintain complete, full, detailed and accurate[2] records to permit Licensor to confirm Licensee's gross sales levels in order to assess and to verify the accuracy of any royalty payments or royalty reports provided under this Agreement (the "Audit Purpose"). For a period of ten (10) years[3] from the creation of individual records, all records relating to the sale of products shall be available upon prior notice[4] by Licensor for examination by Licensor[5]. Any amounts shown to be owed to Licensor but unpaid by Licensee shall be paid within ten (10) calendar days[6] from Licensor's report, plus interest from the original due date in the amount of 10 percent per calendar month[7]. Licensor shall bear the full cost of any such audit[8].

---

1 Vgl. Leitlinien der Kommission zu VO 330/2010; Abl. EG 2010, C 130/1 Rz. 66.

2 Hinsichtlich des Umfangs solcher Buchführungspflichten dürfte ein Weniger den Interessen des Lizenzgebers auch gerecht werden. Hier sind also Streichungen und Einschränkungen vorzunehmen.

3 Sehr lange, da dies bereits deutlich nach Vertragsende liegen kann und entsprechende Ansprüche auf Lizenzzahlungen hier – abhängig von den jeweils anwendbaren gesetzlichen oder vertraglichen Regelungen – vielfach bereits verjährt sein dürften.

4 Dies begründet ein unbeschränkt häufiges Recht der Bucheinsichtnahme; erforderlich ist eine Klarstellung, wie häufig, wie lange jeweils und wie lange insgesamt eine Prüfung der Bücher erfolgen kann.

5 Der Vertragspartner sollte nicht das Recht der Einsichtnahme in die Bücher haben, sondern nur zur Verschwiegenheit gesetzlich verpflichtete Personen (Steuerberater, Wirtschaftsprüfer oder Rechtsanwälte).

6 Sehr knappes Zahlungsziel; zu verlängern.

7 Hoher Zinssatz; zu reduzieren.

8 Unüblich; Formen der Kostentragung je nach Umfang der Abweichung klarzustellen.

Eine zugunsten des Auditierten lautende Klausel kann danach wie folgt aussehen:

Records; Audits. Licensee shall maintain records in sufficient detail as to permit Licensor to have confirmed Licensee's gross sales levels in order to assess and to verify the accuracy of any royalty payments or royalty reports provided under this Agreement (the "Audit Purpose"). For a period of three (3) years from the creation of individual records, such records shall be available during regular business hours, upon prior written notice by Licensor one month in advance[1] and not more often than once each calendar year, for examination by an independent accounting firm[2] selected by Licensor and reasonably acceptable to Licensee, for the sole purpose of the Audit Purpose. Any such audit may not take longer than two business days[3]. The accounting firm shall disclose to Licensor only such information as is necessary for the Audit Purpose after written approval by Licensee[4]. Any amounts shown to be owed but unpaid shall be paid within thirty (30) days from the accountant's report, plus interest from the date of such report[5]. Any amounts shown to have been overpaid shall be credited against the subsequent royalty payment[6]. Licensor shall bear the full cost of any such audit unless any unpaid amounts exceed 10 %[7] of the royalties paid.

---

1 Die Bereitstellung der Bücher kann vom Umfang des Audit-Vorhabens abhängen und erheblichen Zeitaufwand auf Seiten des Lizenznehmers verursachen. Es kann auch – wie im Muster des Haupttextes vorgesehen – mit *reasonable notice* umschrieben werden, wenn auch dann auf die Gefahr hin, dass hinsichtlich der Angemessenheit Streit zwischen den Parteien entsteht. Die in der vorliegenden Version vorgesehene Frist von einem Monat ist jedoch sehr lang und in der Praxis selten zu finden.

2 Denkbar ist auch – siehe oben – die Berechtigten auf Anwälte und Steuerberater zu erweitern, wobei angesichts der Überprüfung der Bücher in wirtschaftlicher Hinsicht sich häufig – wie im vorliegenden Muster – die Einschaltung eines Wirtschaftsprüfers empfiehlt.

3 Begrenzung der jeweiligen Dauer eines Audits.

4 Hierauf wird sich der *Licensor* nur einlassen, wenn er nicht begreift, dass damit die gesamte Klausel leerlaufen kann. Wenn dieser Passus nicht völlig gestrichen werden kann, sollte das *approval* eingeschränkt werden, so etwa durch *not to be withheld unreasonably*.

5 Dies begünstigt den Lizenznehmer einseitig und unangemessen, da er aufgrund eines sich über mehrere Jahre erstreckenden Audits damit einen Zinsvorteil erhält, wenn er nicht ordnungsgemäß die Lizenzeinnahmen an den Lizenzgeber weiterreicht. Angemessen ist eine Zinszahlung zum Zeitpunkt, zu dem die Lizenzgelder bei ordnungsgemäßer Einhaltung seiner Verpflichtungen zur Zahlung verpflichtet gewesen wäre.

6 Eine entsprechende Klausel sollte auch Regelungen zugunsten des Auditierten enthalten, soweit er sich zu Gunsten des Lizenzgebers verrechnet hat.

7 Üblich sind Sätze zwischen 5 % und 10 %.

4. Change Request

Übung:

Bitte fassen Sie eine Klausel ab, in der der Besteller berechtigt ist, eine Änderung des Leistungsgegenstandes herbeizuführen. Denken Sie hierbei auch an Zustimmungsvorbehalte und mögliche Folgen einer Änderung des Leistungsgegenstandes.

Lösung:

Vorüberlegung: Festzulegen ist, unter welchen Voraussetzungen der eine Vertragsteil eine Änderung des Leistungsgegenstandes herbeiführen kann, wie der andere Vertragsteil hierauf reagieren muss und welche Wirkungen eine Änderung herbeiführen kann respektive, was passiert, wenn nichts passiert. Eine entsprechende Formulierung findet sich im Haupttext[1].

5. Letter of Intent

Übung:

Ziel der Parteien ist ein Kooperations- und Produktionsvertrag, wonach der eine Partner gewerbliche Schutzrechte lizenziert, die vom anderen Partner für die Produktion der Güter verwendet werden, die wiederum von demjenigen, der die gewerblichen Schutzrechte zur Verfügung stellt, abgenommen werden. Bitte fassen Sie eine entsprechende Vorvereinbarung ab.

Lösung:

Vorüberlegung: Um Verhandlungen in thematischer wie zeitlicher Hinsicht zu strukturieren, Ziele der Parteien zu kodifizieren und einen Rahmen für die weiteren Verhandlungen zu setzen, kommt der Abschluss eines Term Sheets, eines Letter of Intent oder eines Memorandum of Understanding in Betracht[2]. Die konkreten Formen mögen differieren[3]. Regelmäßig jedoch sehen sämtliche Arten entsprechender Absichtserklärungen unverbindliche Eckpunkte vor, die einer späteren, detaillierten Regelung zur Grundlage dienen sollen. Von einer Unverbindlichkeit ausgenommen sind Fragen der Kosten, die im Zusammenhang mit diesem Letter of Intent entstehen können, der Vertraulichkeit, ggf. einer Exklusivität der Verhandlungen und einer ausdrücklichen Festlegung fehlender Rechtsverbindlichkeit der übrigen Regelungen. Hinzukommen kann eine bindende Verpflichtung darauf, unter gewissen Parametern die Verhandlungen zu führen; alle übrigen Regelungen sollten unverbindlich und offen formuliert werden, um keinen Vertrau-

---

1 Rz. 136.
2 Zum neuen Institut des *Nomination Letter* und daraus resultierender vorvertraglicher Pflichten vgl. Spehl/Schilling, BB 2013, 202, 204.
3 Vgl. hierzu *Heussen*, Letter of Intent.

ensschutz der anderen Partei oder gar den Abschluss eines verbindlichen Vertrags herbeizuführen.

Die Parteien des vorliegenden Musters wollen einen Kooperations- und Produktionsvertrag abschließen, wonach der eine Partner gewerbliche Schutzrechte lizenziert, die vom anderen Partner für die Produktion der Güter verwendet werden, die wiederum von demjenigen, der die gewerblichen Schutzrechte zur Verfügung stellt, abgenommen werden.

Letter of Intent

This Letter of Intent ("LoI") is signed on the [...] ("Effective Date") by

Dim Sum, Inc., a corporation duly organised under the laws of the State of Delaware, USA, with its registered office in [...], legally represented by [...], its [...]

– "Producer" –

and

Sansan GmbH, a corporation duly organised under the laws of the Federal Republic of Germany with its registered office in [...], legally represented by [...], its CEO.

– "Partner" –

– Producer and Partner individually "Party"

and collectively "Parties" –

1. The Parties wish to enter into negotiations with the aim of Producer producing certain goods ("Products") for Partner based on certain know-how and intellectual property rights ("Underlying Rights") held by Partner ("Project"). The Parties wish to clarify the scope of future negotiations and some of the issues for a future co-operation which they envisage could lead to the conclusion of a Co-operation and Purchase Agreement.

After good and valuable consideration, the Parties have entered into this LoI.

2. The Parties shall enter into good faith negotiations with a view of concluding a Co-Operation and Purchase Agreement no later than [...]. A timetable for the negotiations is attached as Annex 1 and forms an integral part of this LoI. The Parties shall use their best endeavours in order to comply with the deadlines provided for in Annex 1.

With respect to a Co-operation and Purchase Agreement tentatively envisaged to be concluded by the Parties under German Law, Producer shall make warranties in accordance with industry standards and customary representations as to the quality of Products provided any defects are not caused by the Partner's Underlying Rights.

Partner shall make customary warranties regarding the Underlying Rights, especially, but not limited to Partner's liability and provisions of indemnification for the benefit of Producer.

In order to entice Producer to produce the Products, Partner is willing to commit itself to certain minimum guarantees with respect to volume based on certain preconditions, especially, but not limited to the duration of such minimum guarantee, volume, purchase price and costs for development of the Product, to be negotiated in good faith. In return, Producer is contemplating to produce the Products exclusively for Partner for the duration of such minimum guarantee, if any.

3. In the course of the negotiations for such Co-Operation and Purchase Agreement, the Parties may exchange certain confidential information. In order to protect such confidential information, the Parties will enter into a Non-Disclosure-Agreement contained in Annex 2 of this LoI which will be independent and separate from this LoI and which shall survive any term of this LoI. Conclusion of such Non-Disclosure-Agreement is condition precedent for the start of negotiations with respect to the Project.

4. Partner shall neither directly nor indirectly discuss the intended Project or material parts thereof with any third and shall not provide any documents or information to any third party interested in the Project or similar projects, in each case until [...].

5. Each Party shall bear its own costs in connection with this LoI and any and all negotiations in connection with the Project. Under this LoI, no Party shall be liable to the other Party especially, but not limited to direct damages, any and all indirect or consequential damages or loss of profit, always provided such damages are not caused by a malicious, fraudulent or otherwise deliberate act of the other Party.

6. Unless the Parties expressly commit themselves in writing to continued negotiations in view of the Project, this LoI shall end on [...] without any action of either Party necessary. Regardless of the provisions of Sec. 4, each Party may at any time end discussions and negotiations and declare its withdrawal from the LoI without having to give any reasons for doing so. The notification of withdrawal shall be in writing. Sec. 5 shall remain unaffected by any term or termination of this LoI or withdrawal from discussions and negotiations and shall remain binding on the Parties. For the avoidance of doubt, the Non-Disclosure-Agreement contained in Annex 2 shall be separate and independent from this LoI and thus shall also remain unaffected by any term or termination of this LoI and/or withdrawal from discussions and negotiations.

7. This LoI contains the entire understanding between the Parties with regard to the Project and supersedes all oral or written statements exchanged between the Parties, especially, but not limited to discussions, understandings and expressions of opinion. This LoI shall be governed exclusively by German Law without the United Nations Convention on Contracts for the International Sale of Goods (CISG) being applicable. In case of divergence in interpretation of English terms used in this LoI between the English legal meaning and the German legal meaning" the German interpretation and legal meaning shall prevail. Place of jurisdiction for all claims and obligations arising out of this agreement shall be [...].

8. This LoI is only an expression of the current intention of the Parties and, therefore, shall not be understood or construed as an obligation or offer by either Party to enter into any kind of agreement regarding the Project.

The Parties execute this LoI as of the Effective Date

For Producer	*For Partner*
…	*…*
[Signature]	*[Signature]*
By (please print)	*By (please print)*
…	*…*
In its capacity as	*In its capacity as*
…	*…*

6. Umkehr der Beweislast

216 **Übung:**

Bitte formulieren Sie die Voraussetzungen für den Eintritt einer Freistellung so um, dass sich die Beweislast umkehrt:

Seller shall indemnify and hold harmless Purchaser from any and all claims raised by third parties if the following conditions are met: (…)

Lösung:

Seller shall indemnify and hold harmless Purchaser from any and all claims raised by third parties <u>unless</u> the following conditions are met: (…)

Stichwortverzeichnis

Formulierungsbeispiele aus der Praxis